图说武当秘技系列

武当道家八段锦

秦志华 著

人民体育出版社

图书在版编目（CIP）数据

武当道家八段锦 / 秦志华著. -- 北京：人民体育出版社, 2022（2024.11重印）
（图说武当秘技系列）
ISBN 978-7-5009-6129-1

Ⅰ. ①武… Ⅱ. ①秦… Ⅲ. ①八段锦—基本知识 Ⅳ. ①G852.9

中国版本图书馆CIP数据核字(2021)第260425号

*

人民体育出版社出版发行
北京新华印刷有限公司印刷
新　华　书　店　经　销

*

880×1230　32开本　8.75印张　218千字
2022年11月第1版　　2024年11月第2次印刷
印数：3,001—5,000册

*

ISBN 978-7-5009-6129-1
定价：33.00元

社址：北京市东城区体育馆路8号（天坛公园东门）
电话：67151482（发行部）　　邮编：100061
传真：67151483　　邮购：67118491
网址：www.psphpress.com
（购买本社图书，如遇有缺损页可与邮购部联系）

丛书绘图组

高　翔　　丁亚丽

高　飞　　郭成敏

高　绅　　李梦瑶

总 序

2017年1月25日，中共中央办公厅、国务院办公厅印发了《关于实施中华优秀传统文化传承发展工程的意见》（以下简称《意见》），并发出通知，要求各地区各部门结合实际认真贯彻落实，体现了党和政府对中华优秀传统文化的重视。

在国民教育方面，《意见》提出，加强中华优秀传统文化相关学科建设，重视保护和发展具有重要文化价值和传承意义的“绝学”、冷门学科。在保护传承文化遗产方面，《意见》提出，推动民族传统体育项目的整理研究和保护传承。

中华武术有着数千年的发展历史，是中华民族在社会实践中创造的宝贵财富，是中华文化的重要组成部分。武当武术作为“内家之宗”，在武术爱好者中具有较高的认知度。正是基于此，我们策划了这套“图说武当秘技系列”丛书。丛书先期面世的有《武当秘传养生功》《武当道家八段锦》《武当太极擒拿手》《武当秘传点穴手》《武当大力鹰爪功》5本。

本套丛书种类齐全，既有养生法，又有技击术，还有大力功，精心选取与展现了丰富多彩的武当诸派秘技；注重练法，注重实效，突出“图说”，简明扼要，便于阅读和学习。丛书编写者都是武当武术相关的专家、学者、教授，他们既有自身体验，又有教学经验，既有很高的技术水平，又有很深的学术造诣。当然，不足之处在所难免，欢迎读者批评指正，以利今后进一步充实与完善。

内容提要

1. 道家入门八段锦，动作不多，方法简单，易学易记，运动量小，老少咸宜。其诀曰："双手托天理三焦，只手举鼎谷气消。左右开弓似射雁，五劳七伤往后瞧。后仰前俯去心火，两手攀踵固肾腰。攒拳怒目增气力，背后齐颠百病消。"

2. 道家洞宾八段锦，乃武当之真传秘功，历史悠久。其诀曰："仰掌上举顺三焦，左肝右肺如射雕。东西独托安脾胃，五劳七伤四顾摇。鳝鱼摆尾通心气，左右攀足治其腰。冲拳攥拳目炯起，山摇地动百邪消。"

3. 武当太和八段锦，属道家民间秘技，练法丰富，变化细腻，功效显著。其诀曰："双托城闸利三焦，海底捞月壮肾腰。左右盘旋去心火，回眸频频治五劳。只手举鼎消谷气，张弓搭箭射大雕。通臂攥拳开仙目，地动山摇百邪消。"

4. 全真龙门八段锦，历代口授单传，直至1993年才由张至顺道长公开。其诀曰："双掌插顶利三焦，手足前后固肾腰。调理脾肤需单举，左肝右肺如射雕。回头望足去心疾，五劳七伤向后瞧。凤凰展翅周身力，两足顿顿饮嗜消。"

5. 武当大力八段锦，属八段锦之武功一系，偏重练劲，以意行气，以气运力，增强体质，增大力量。其诀曰："一段锦向上提，二段锦把鼎举。三段锦推山倒，四段锦拉无敌。五段锦揪不放，六段锦按下去。七段锦抓大力，八段锦坠入地。"

6. 道功导引八段锦之诀曰："手托阴阳太极图，朱雀青龙结白虎。龟蛇一体玄武化，白猿通背转辘轳。龙虎相交生金丹，道功除疾逍遥步。""道功静修久坐，易有筋痹骨痛之患，必以动功拔锻舒筋，而醒脑提神，开胸顺气，通经活络，化瘀去滞"。

7. 娄杰立式八段锦，属道家八段锦秘传流派。其诀曰："手把碧天擎（擎天式），雕弓左右鸣（开弓式）。鼎凭单臂举（举鼎式），剑向半肩横（负剑式）。擒纵如猿捷（猿蹲式），威严似虎猛（虎踞式）。更同飞燕急（飞燕式），立马告功成（立马式）。"

8. 八段锦坐立功图诀，采自清末娄杰古谱。"杰幼多病，尝从山左徐君学'八段锦立功'，习之数年，颇有明效。又从浙西费丈得'八段锦坐功图说'，其间俯仰展伸，皆有矩度。然非平矜释躁，不能会其精微。杰笔研之暇，间一揣摩，辄觉异常畅适。苟得三昧黄老之秘，当不足言"。

目 录

第二章　道家洞宾八段锦 / 16

第三章　武当太和八段锦 / 52

第六章　道功导引八段锦 / 177

第七章　娄杰立式八段锦 / 196

第八章　八段锦坐立功图诀（古谱） / 232

第一章

道家入门八段锦

南宋道教学者曾慥《临江仙》词附注中载有："钟离先生八段锦，吕公手书石壁上，因传于世。"据传，道家八段锦源于全真道"正阳祖师"钟离权。钟离权，亦称汉钟离，传说"八仙"之一，其内丹术传吕洞宾。

道家八段锦的很多秘功，多由道师口传身授，鲜有完整图谱，而且各立门户，争奇斗艳。今编者搜集相关资料，整理出本套功法，为便于自学，试行精简，故名"道家入门八段锦"。

本功动作不多，方法简单，易学易记，运动量小，老少咸宜，非常适用于养生入门，愿每一位练习者身体健康，心情愉快。

"双手托天"，开胸顺气，调理脏腑。"只手举鼎"，健脾和胃，提高食欲。"左右开弓"，锻炼手臂，

增强气力。“往后瞧”，通经活络，除疲防病。“后仰前俯”，益气养心，健脑安神。“两手攀踵”，舒筋壮肾，增强腰力。“攒拳怒目”，激发内劲，锻炼拳艺。“背后齐颠”，震荡全身，畅通经脉。

“道家养生善，武当薪火传。言祖不言师，大道在民间。非为神仙成，为武多贡献。奇珍八段锦，锦上花浓艳”。

【歌诀】

双手托天理三焦，只手举鼎谷气消。
左右开弓似射雁，五劳七伤往后瞧。
后仰前俯去心火，两手攀踵固肾腰。
攒拳怒目增气力，背后齐颠百病消。

一、双手托天理三焦（第一段）

【练法分解】

1. 两脚并步，正身直立，两掌垂于体侧，呼吸自然。目视前方。（图1–1）

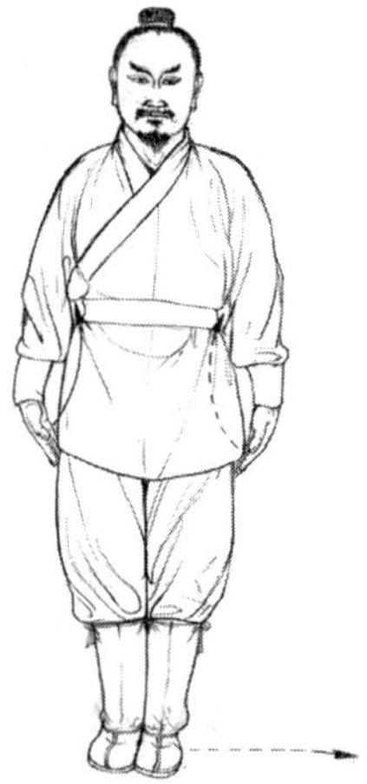

图1–1

图1–2

2. 左脚向左横开一大步，两腿屈膝半蹲成马步；同时，两掌握拳，收抱腰际，拳心向上。目视前方。（图1–2）

3. 两拳变掌，掌背贴着两大腿内侧向下插出，掌心相对，指尖接近地面；同时，臀部下沉，成低马步。（图1–3）

图1–3

图1–4

4. 两掌向左右分开，弧形向上举于头顶侧上方，两掌心向上，指尖向后，肘部略屈，臂成半弧状。目视前方。（图1–4）

5. 两掌变拳，向外划弧，收落腰际，拳心向上。目视前方。（图1–5）

此段练习数遍。

图1–5

【主要功效】

开胸顺气，调理脏腑。

二、只手举鼎谷气消（第二段）

【练法分解】

1．承接上段。右拳不变；左拳变掌向右肩外侧伸出，指尖向右，掌心向下。目视左掌。（图1–6）

图1–6

图1–7

2．左掌向下划弧，经过右大腿上侧，从左腰外侧向上伸臂举掌，用力托举，指尖向后。仰面，目视左掌。（图1–7）

3．左掌下收于腰际抱拳，拳心向上。目视前方。（图1–8）

图1–8

4. 再做右单举。（图1–9 ~ 图1–11）

左右练习数遍。

图1–9

图1–10

图1–11

【主要功效】

健脾和胃，提高食欲。

注：

谷气消，取自《三国志·魏书·吴普传》：“动摇则谷气得消，血脉流通，病不得生，譬犹户枢不朽是也。”

三、左右开弓似射雁（第三段）

【练法分解】

1. 承接上段。马步不变；右拳上提右肩前，屈肘横臂，拳心向下，拳面向左；左拳变单指掌，上提胸前，食指伸直向右（其余四指勾屈），手心向里。目视前方。（图1–12）

图1–12

图1–13

2. 左单指掌向左推出，拇指顺势张开，成八字状，坐腕立掌，腕与肩平，掌心向前，食指尖向上；右拳右拉，肘臂用力后引，如开弓射箭般。目视左手食指。（图1–13）

3. 左手向上、向右划弧收至左肩前变拳，拳眼向上；右拳前移至胸前变单指掌，食指尖向左。继做右开弓式。（图1–14、图1–15）

左右练习数遍。

图1–14

图1–15

【主要功效】

锻炼手臂，增强气力。

四、五劳七伤往后瞧（第四段）

【练法分解】

1. 承接上段。两手变掌，下落按于两大腿上，指尖向里，掌棱向前。目视前方。（图1–16）

图1–16

2. 马步不动；头部缓缓左转，至极限为度；同时，二目用力向左后瞧视。（图1–17）

图1–17

图1–18

3. 头部回转，缓缓向右，至极限为度；同时，二目用力向右后瞧视。（图1–18）

4. 头向左转正。（图1–19）左右练习数遍。

【主要功效】

通经活络，除疲防病。

图1–19

五、后仰前俯去心火（第五段）

【练法分解】

1. 承接上段。起身直立，左脚内收，两脚间距与肩同宽；同时，两掌变拳，向前伸臂举起，高与肩平，拳心向下。目视前方。（图1–20）

图1–20

图1–21

2. 两拳用力向左右平直分开，拳眼向上，展臂挺胸仰头，两臂尽量后展。目视上方。（图1–21）

3. 两拳向前伸臂合拢，宽高同肩，拳面向前；上体前倾，臀部后撅，两腿挺膝。目视前方。（图1–22）

上述后仰、前俯，反复练习，次数自定。

图1–22

图1–22附图

【主要功效】

益气养心，健脑安神。

六、两手攀踵固肾腰（第六段）

【练法分解】

1. 承接上段。两拳变掌下落，上体前俯，两掌抱住两脚后跟，膝部挺直。

2. 姿势定型后，做低头、昂头数次。（图1–23）

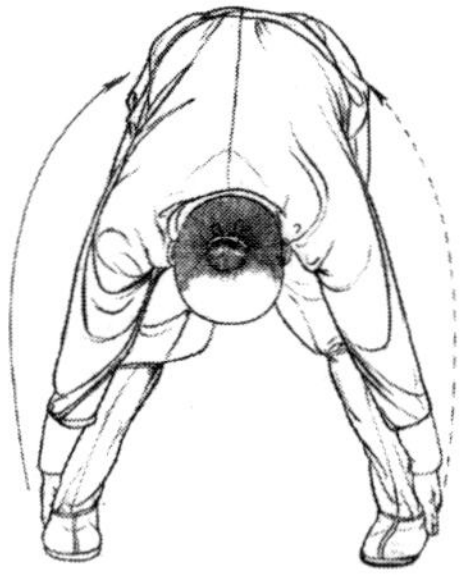

图1–23

图1–23附图

【主要功效】

舒筋壮肾，增强腰力。

七、攒拳怒目增气力（第七段）

【练法分解】

1. 承接上段。起身正立，两掌握拳收于腰际，拳心向上。

2. 然后，两拳用力攒紧，瞪睛怒目，两肘向后引力，两拳越攒越紧，以默数四十九数为止（也可自行定数）。（图1-24）

图1-24

【主要功效】

激发内劲，锻炼拳艺。

八、背后齐颠百病消（第八段）

【练法分解】

1. 承接上段。左脚收步，正身直立，两拳抱于腰际。目视前方。（图1-25）

图1-25

图1-26

图1-26附图

2. 两脚跟提起，头顶上提。（图1-26）

3. 然后，两脚跟落下顿地。再提起脚跟，再落下，练习数遍。

注意，不要快力猛顿，应自然适度，以免过于震荡而伤身。

4. 练毕，收功。可再甩甩手，踢踢腿，散步片刻，更为有益。

【主要功效】

震荡全身，畅通经脉。

第二章

道家洞宾八段锦

《修真十书·杂着捷径》卷二十三载有曾慥《临江仙》词附注："钟离先生八段锦，吕公手书石壁上，因传于世。其后又有窦银青八段锦，与小崔先生临江仙词，添六字气于其中。恨其词未尽，予因择诸家之善，作临江仙一阕，简而备，且易行。普劝遵修，同证道果。绍兴辛未(1151年)仲春，至游居士曾慥记。"

钟离，指钟离权，亦称汉钟离，传说中的道教"八仙"之一，全真道尊他为"正阳祖师"。吕公，即吕洞宾，也名列"八仙"，全真道尊他为"纯阳祖师"，传说很多，其术得自钟离权。

曾慥《道枢》卷三十五《众妙篇》载有八段："仰掌上举，以治三焦者也；左肝右肺如射雕焉；东西独托，所以安其脾胃矣；反复而顾，所以理其伤劳矣；大小朝天，所以通其五脏矣；咽津补气，左右挑其手；摆鳝之尾，所以祛心之疾矣；左右手以攀其足，所以治其腰矣。"

南宋陈元靓《事林广记·修真秘旨》载有"吕真人安

乐法”，其歌诀：“昂头仰托顺三焦，左肝右肺如射雕。东脾单托兼西胃，五劳回顾七伤调。鳝鱼摆尾通心气，两手搬脚定于腰。大小朝天安五脏，漱津咽纳指双挑。”吕真人，即指吕洞宾。

清代冯曦（守和道人）《颐养诠要》载有“吕祖安乐歌”，其歌诀：“双开一度理三焦，左肝右肺如射雕。东脾西胃须单托，五劳七伤四顾摇。游鱼摆尾驱心病，手摩脚腿理肾腰。大小朝天安五脏，咽津纳气指双挑。一日若能四五作，自然法火遍身烧。十二时中频频作，管教延年百病消。”吕祖，亦指吕洞宾。

这类与“洞宾八段锦”相关的记载，与现今国家定型推广或民间流传的八段锦歌诀非常接近，可以说后世八段锦大部源自于此。但因年代久远，洞宾八段锦传承真实情况已无法明考，而且练法很多，差异很大。

编者学练了数种立式，综其所长，挑选古诀，重新编整，名为“道家洞宾八段锦”，献予同道。

【歌诀】

仰掌上举顺三焦，左肝右肺如射雕。
东西独托安脾胃，五劳七伤四顾摇。
鳝鱼摆尾通心气，左右攀足治其腰。
冲拳攥拳目炯起，山摇地动百邪消。

一、仰掌上举顺三焦（第一段）

【练法分解】

1. 两脚开步，与肩同宽，正身直立；两掌垂于体侧，呼吸自然。目视前方。（图2–1）

图2–1

图2–2

2. 两掌上提胸前，指尖相对，掌心向下。目视前下。（图2–2）

图2-3

3. 两掌抡转，向前伸出，掌心向上，指尖向前，高与肩平。目视两掌。（图2-3）

图2-4

4. 两掌向身体两侧直臂伸展，一字平肩，掌心向下，指尖向外。（图2-4）

5. 两掌下垂，至胯侧握成空心拳，拳心向里。（图2-5）

图2-5

图2-6

6. 两拳上提腋下，拳眼向上，拳面向里。（图2-6）

7. 两拳变掌，向前平肩伸出，掌心向下，指尖向前。（图2-7）

图2-7

图2-8

8. 两掌左右直臂分展，一字平肩，指尖向外。（图2-8）

上述动作可重复练习，也可连接下动。

9. 两掌转腕，向上折肘抱掌，掌心相对，指尖斜向里。（图2-9）

图2-9

图2-10

10. 两肘下沉，两掌心约与耳相对；双膝微屈。（图2-10）

11. 两掌伸臂向上托举，掌心向上，指尖向后。（图2-11）

图2-11

图2-12

12. 然后，两掌下按至肚脐前，指尖相对，掌心向下；同时，双膝下屈。（图2-12）

图2-13

13. 伸腿立身；两掌放下，垂于体侧；调匀呼吸。（图2-13）

二、左肝右肺如射雕（第二段）

【练法分解】

1. 承接上段。左脚外移，两腿屈膝半蹲成马步；两掌扶按于两膝上，上身正直。目视前方。（图2-14）

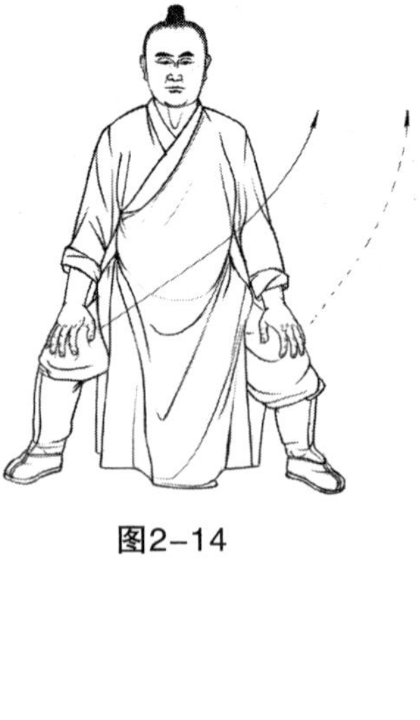

图2-14

2. 两掌抬起，两臂左伸，高与肩平。左臂伸开，右臂弯曲，右掌置于左肩前，两掌心向下，指尖向左。目视左掌。（图2-15）

图2-15

图2-16

3. 左掌变剑指，手心向下；同时，右手握成空心拳，拳心向下。目视剑指。（图2-16）

4. 左臂向左前抻劲，手心向里；右拳外转后拉，至右肩前，拳眼向上，拳心向里。两臂保持水平。（图2-17）

反复7次，也可自定次数。

图2-17

5. 然后，身体向右转动，两掌右伸，练法与上相同，唯方向相反。反复7次。（图2-18 ~ 图2-20）

左右各做3遍。

图2-18

图2-19

图2-20

图2-21

6. 两腿伸膝直立；两手握拳，两臂屈肘，拳面抵贴两肋，拳心向上；调匀呼吸。（图2-21）

三、东西独托安脾胃（第三段）

【练法分解】

1. 承接上段。两脚尖内扣，成内八字站立；两拳变掌，上托胸前，指尖相对。目视前方。（图2-22）

图2-22

2. 两腕内旋，右掌心向下，向下顺胸前按压至裆前，指尖向左；左掌心向上，用力由前向顶上托举，至臂直，指尖向后。目视前方。（图2–23）

图2–23

图2–24

3. 两掌翻转，使掌心遥遥相对，左掌顺面前下压，右掌沿腹前上托，两掌缓缓相合如抱球，左掌停于咽喉前，右掌停于胸口前；同时，缓缓屈膝下蹲，成坐马式。（图2–24）

4. 接着，做右托式，动作与上相同，唯方向相反。（图2–25）

图2–25

图2–26

5. 左脚内收并步，正身直立；右手下收于头顶右侧，肘部略屈，五指并拢，掌心向上，指尖向左；同时，左掌按于左胯侧，掌心向下，指尖向前。目视前方。（图2–26）

6. 右臂伸直，用力向上伸举，身向右转；左掌同时下撑。仰面，目视右掌。（图2-27）

图2-27

7. 收掌复原，换左举式，动作与上相同。（图2-28～图2-31）

图2-28

图2-29

图2-30

图2-31

四、五劳七伤四顾摇（第四段）

【练法分解】

1．左脚向左横开一步，两脚间距比肩稍宽；两掌垂于体侧。目视前方。（图2-32）

图2-32

2. 左脚以脚跟为轴，随着身体一起左转；同时，右臂向左前斜举，高过头顶，右掌心向前，指尖向上；左臂向右后斜抻，约与胯平，左掌心向后，指尖向下，两臂约成斜一字。头向左后下转，以瞧到右脚跟为度。（图2–33）

图2–33

图2–34

3. 上段动作定型后，右手向上，左手向下，抻动7次。接着，双手同时握拳13次。（图2–34）

4. 然后，以两脚跟为轴从左向右转，两臂上下交换，左臂向右前斜举，右臂向左后斜抻。（图2-35）

图2-35

图2-36

5. 定型后，再抻臂、握拳。（图2-36）

左右各做两遍。

6. 左转体，面向正前，两掌垂于体侧。（图2–37）

图2–37

图2–38

7. 身体向左扭转；同时，右掌提起，掌心向里，指尖约与眼平，右臂稍屈。目视右指尖。（图2–38）

8. 右掌由左向右转动，头随手动，身随头转，由左向右转至不能再转为止；身体重心随转动移至右脚，右脚外摆，左脚随转动自然内扣。（图2-39）

图2-39

图2-40

9. 右掌放下，垂于体侧；同时，左掌提起，掌心向里，指尖约与眼平，左臂稍屈。目视左指尖。（图2-40）

10. 左掌由右向左转动，练法与本式第8动相同。（图2-41）

左右掌按上述练法，轮番运转各12次。

图2-41

图2-42

11. 然后，身体转正，两掌垂于体侧；调匀呼吸。（图2-42）

五、鳝鱼摆尾通心气（第五段）

【练法分解】

1. 承接上段。左脚尖略外展，两掌心向下、向左划弧，约与腰平。（图2–43）

图2–43

图2–44

2. 动作不停，两掌继续向左上外摆，高过头部。（图2–44）

3. 再顺原路返回，双掌经腹前再向右上外摆。（图2-45）

如此左右各摆6次。

图2-45

图2-46

4. 接上，最后一次向右上摆完后，即以腰为轴，向前、向下、向左、向上划大圈，两手划至两肩正上方（高过头顶），掌心向上，指尖向后，成托举式，上身挺直。仰面，目视两掌。（图2-46）

5. 随后握拳，双拳随弯腰向前下运动，拳到膝下，拳面向下。目视前下。（图2-47）

图2-47

图2-48

6. 随之，两拳伸指变掌，掌心向下，指尖向前。（图2-48）

图2-49

7. 双掌向左、向上、向里划摆，过头顶，至对肩，指尖向后。目视两掌。（图2-49）

图2-50

8. 两掌向前下按，用力抓指握拳，收抱肋侧，肘向后引；低头俯胸，臀部向后凸出。（图2-50）

9. 腹部前挺，头部后仰。（图2-51）

上述前俯后仰动作，反复数次。

图2-51

图2-52

10. 然后正身，放下双掌，垂于体侧。目视前方。（图2-52）

六、左右攀足治其腰（第六段）

【练法分解】

1. 承接上段。左脚尖稍外展，左掌向右上收按于右胁；右掌从胯侧向后、向上划圆，举过头顶，掌心向上。（图2–53）

图2–53

2. 右掌继续向前、向下划落；同时，向左前弯腰，屈右膝，直左膝，左脚尖上翘。（图2–54）

图2–54

3. 右掌下划，直至摸到左脚尖抓住。定型后，可稍停。（图2–55）

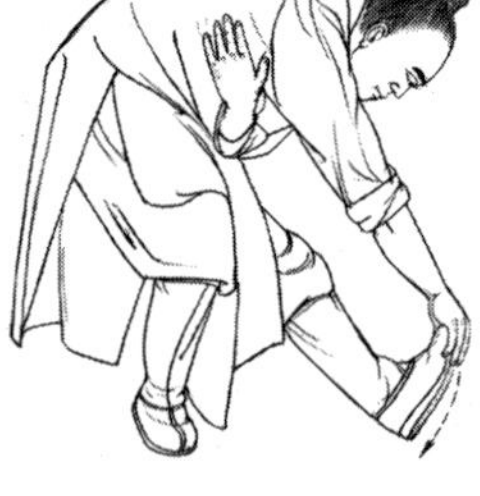

图2–55

4. 起身，以两脚跟为轴，左脚旋转向前，右脚尖稍转向右；右掌抚左肋，抬左掌划圆去摸抓右脚尖。与上练法相同。（图2–56 ~ 图2–59）

左右各做两遍。

图2–56

图2–57

图2–58

图2–59

5. 两掌沿两腿侧下伸，抱住两脚跟；上身前俯，两膝挺直，头部用力下探。（图2-60）

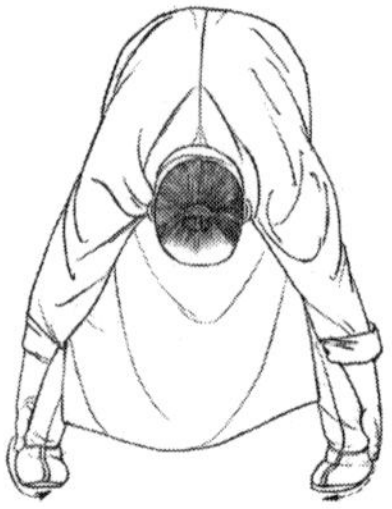

图2-60

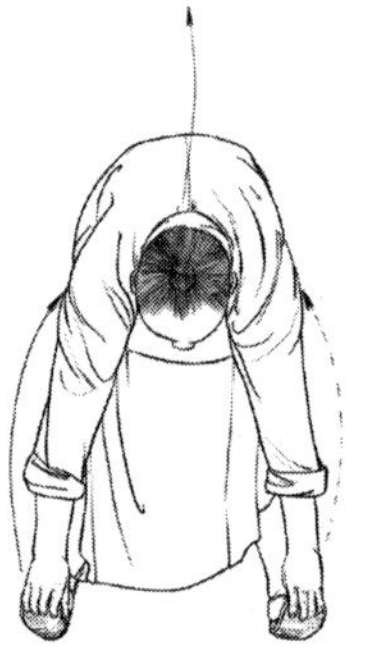

图2-61

6. 两掌沿脚掌前移，抓住脚趾，提起离地；两膝挺直，保持一会。（图2-61）

7. 松开两掌，立起上身，前脚掌落地，开步直立。（图2-62）

图2-62

七、冲拳攥拳目炯起（第七段）

【练法分解】

1. 承接上段。左脚向左开步，两腿屈膝半蹲成马步；两掌收提腰际，屈指握拳，拳心向上。（图2-63）

图2-63

图2-64

2. 左拳不动；右拳向身体左侧伸击，边伸边旋臂，击到尽头时，拳心向下，拳面向前用一个顿劲。右拳伸击同时，右脚跟抬起；拳击到头时，右脚尖用力蹬地。整个动作要使上整劲，不要过快。（图2-64）

3. 然后，换练左拳，动作与右拳相同。左右反复数遍。（图2-65）

图2-65

图2-66

4. 左转体，面向正前方；两拳变掌，向左右伸展，约与肩平，掌心向外，虎口向下，指尖斜向前。目视前方。（图2-66）

5. 两掌外旋，用力攥拳，拳心向上，腕部略屈；同时，瞪睛炯目。（图2–67）

图2–67

图2–68

6. 两拳用力屈肘上收至肩前，变拳心向下，继沿胸侧下压至胯外，拳面向下，拳眼向里；同时，瞪睛炯目，两拳越攥越紧。（图2–68）

7．两掌外旋，攥握不松，使拳心向前。（图2-69）

图2-69

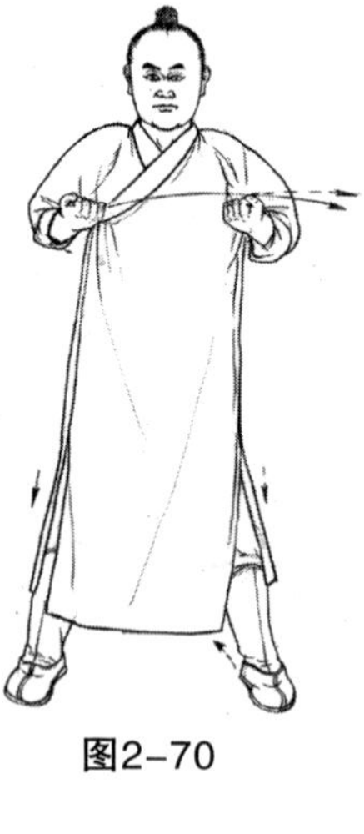

图2-70

8．两拳沿肋侧用力上收腋前，两肘向后引力，腋部夹紧；同时，瞪睛炯目。两拳越攥越紧，保持一会。（图2-70）

八、山摇地动百邪消（第八段）

【练法分解】

1. 承接上段。左脚略向后移动半步，两腿屈膝半蹲成马步；同时，两拳向前伸出，拳面向前，拳眼相对，屈肘平胸。目视两拳。（图2-71）

图2-71

图2-72

2. 两脚跟缓缓提起；同时，双拳举过头顶，拳心向前，拳面向上，双臂伸直，两拳对肩。（图2-72）

3. 随即，两拳成掌，向身后下甩，掌心向后，指尖向下；同时，两脚跟落地，重心下沉。（图2-73）

反复练习。

图2-73

图2-74

4. 伸膝立身，两拳向前直臂伸出，约与肩平，拳心向下，拳面向前；同时，两脚跟提起，上体略向前倾。（图2-74）

5. 两脚跟顿地；同时，两拳变掌向左右分开，扩胸展臂，高与肩平，掌心向上，指尖向外。（图2-75）

上述提跟、落跟，反复练习。

图2-75

图2-76

6. 最后，放下两掌，垂于体侧，身体放松，调匀呼吸。（图2-76）

第三章

武当太和八段锦

武当太和八段锦，乃编者师承，已有多代，属道家民间秘技。今蒙恩师首肯，首次披露。

本功内容较多，练法丰富，变化细腻，运动量大，适合年轻人演练，且独具内家风采，要诀与众不同，功效实用显著。

“双托城闸”，开胸顺气，舒活全身。“海底捞月”，柔腿活腰，增强腰劲。“左右盘旋”，灵活头颈，提神醒脑。“回眸频频”，活脊通背，除劳防病。“只手举鼎”，健胃健脾，消食除滞。“张弓搭箭”，展臂畅体，增强臂力。“通臂攥拳”，提高视力，坚实手力。“地动山摇”，放松肌肉，舒筋利节。

《高上玉皇心印妙经》有诀：“太和充溢，骨散寒琼。”以太和论武功，是说功夫上身，元气充盈，脏腑康

健，筋骨强壮，心意舒馨，妙不可言。太和八段锦，取此为名，慕求此境。

【歌诀】

双托城闸利三焦，海底捞月壮肾腰。
左右盘旋去心火，回眸频频治五劳。
只手举鼎消谷气，张弓搭箭射大雕。
通臂攥拳开仙目，地动山摇百邪消。

一、双托城闸利三焦（第一段）

【练法分解】

1. 两脚并步，正身直立，两手垂于体侧，呼吸自然。目视前方。（图3–1）

图3–1

图3–2

2. 两掌上收小腹前，右掌心抱住左掌背。此时，目光内含，调息片刻。（图3–2）

3. 两掌左右分开，掌心贴着腹部摩至腰后肾腧穴部位，两掌指尖按住腰脊命门穴部位，揉动3下。（图3-3）

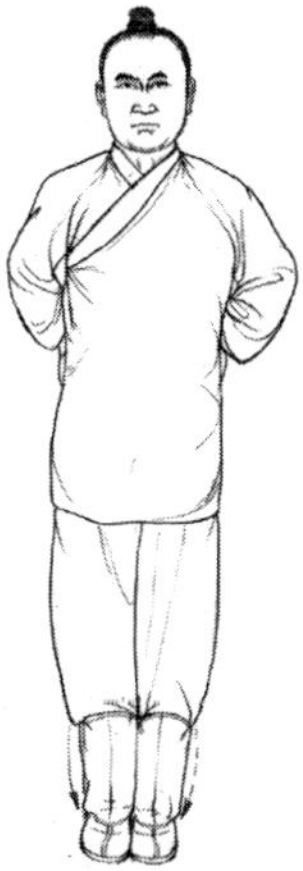

图3-3

图3-3附图

4. 然后，两掌向下，经臀部、过腿后，摩至两脚跟（即按摩两脚三阳经）；同时，躬身前俯，两膝挺直，尽量抻拉两腿，以畅通脚三阳经经脉。（图3-4）

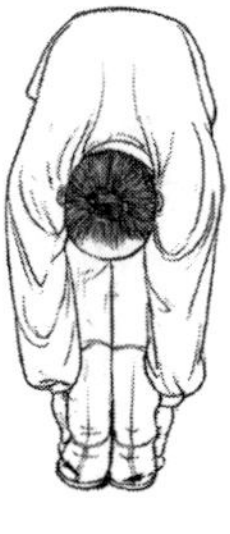

图3-4

5. 两指尖沿脚背前转，掌面按住脚背。（图3–5）

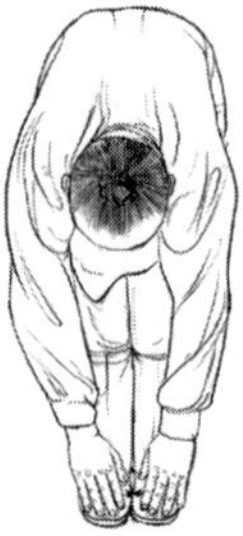

图3–5

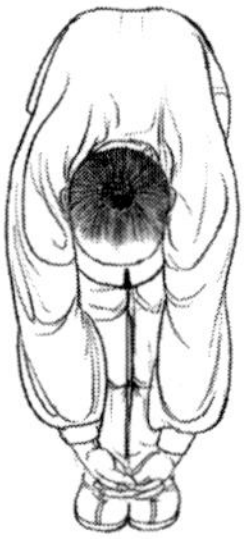

图3–6

6. 随之，翻转两掌，十指交叉，掌心向上。（图3–6）

7. 上身缓缓立起；同时，两掌提至胸口。（图3–7）

图3–7

8. 转掌翻腕，两掌向上托举于头顶上方，掌心向上，两臂伸直，尽量向上抻拔；同时，两脚跟提起。（图3–8）

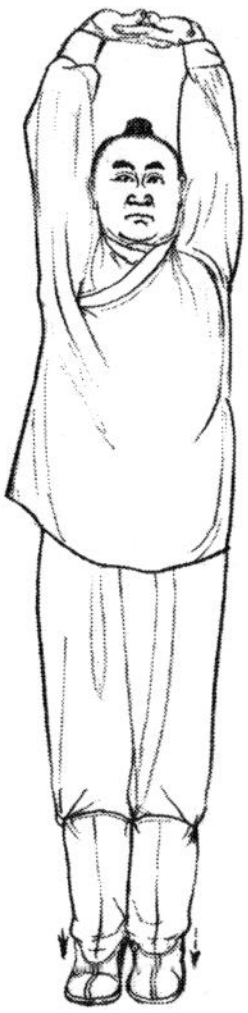

图3–8

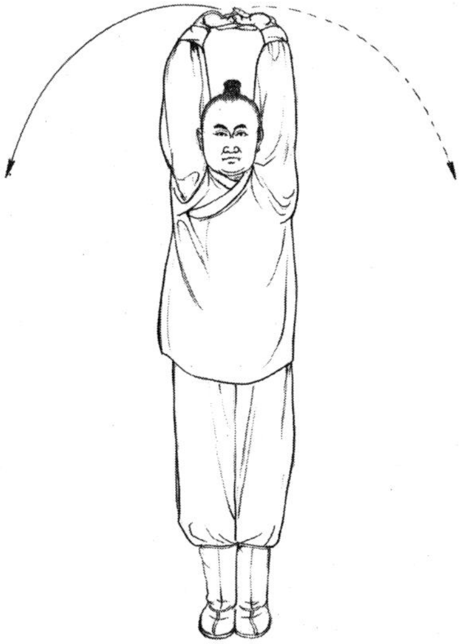

图3–9

9. 上式保持片刻，然后两脚跟落地，其余姿势不变。（图3–9）

10. 两掌松开，向左右展开下落，掌根平肩，指尖向上，掌心向外。两掌尽量坐腕竖掌，抻拉两手三阴经经脉。（图3–10）

图3–10

图3–11

11. 上式保持片刻，然后两掌变勾手，勾尖向下。尽量伸臂勾腕，以抻拔两手三阳经经脉。（图3–11）

12. 然后，全身放松，两掌下落，两腕于腹前交叉，左内右外，两掌指尖向下，掌心向里。（图3–12）

图3–12

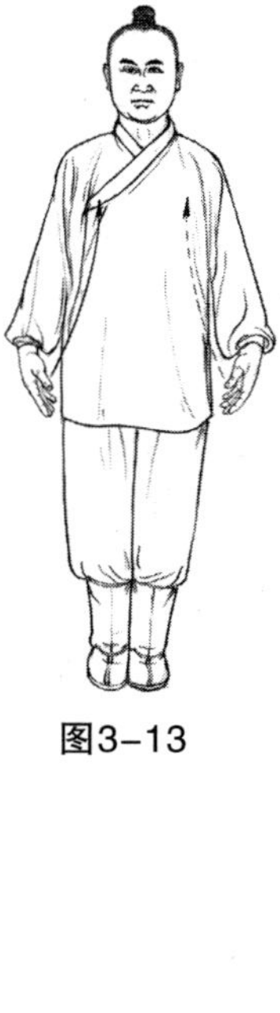

图3–13

13. 随后，两掌下收，垂于体侧。调匀呼吸。（图3–13）

上述动作为一遍，反复练习6遍。

二、海底捞月壮肾腰（第二段）

【练法分解】

1. 承接上段。两掌上提胸侧，转腕旋指，使掌背贴于乳旁，指尖向上，掌心向外。（图3–14）

图3–14

图3–15

2. 指尖内转至腋下，伸向身后。（图3–15）

3. 下旋两掌，掌面按住后背两侧，向下摩至腰间，两指尖用力点按命门穴。（图3–16）

图3–16

图3–16附图

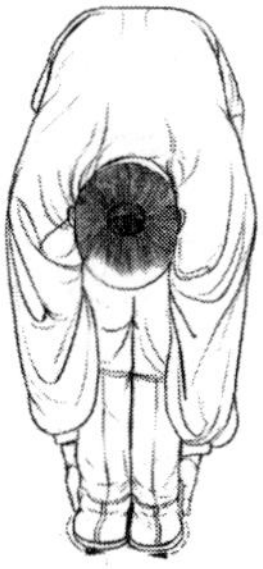
图3–17

4. 两掌沿腿后摩至两脚跟；同时，俯身躬腰，两腿伸膝直立，不要弯曲。（图3–17）

5. 两掌前移，各用四指扣住脚尖，拇指按于两脚大趾里。（图3–18）

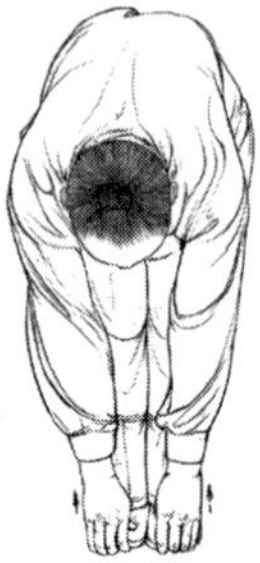

图3–18

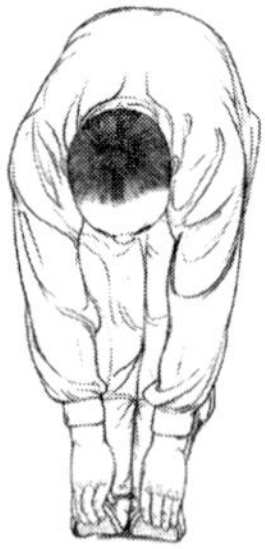

图3–19

6. 两手用力将前脚掌提起，身稍后倾配合，膝不要屈。一提一落，连续3次。（图3–19）

图3-20

7. 然后，两手松开，立起上身。调匀呼吸。（图3-20）

以上动作为一遍，共做6遍。

三、左右盘旋去心火（第三段）

【练法分解】

1. 承接上段。左脚向外横开一步，两脚间距离宽于两肩，屈膝半蹲成马步；同时，两掌扶于两膝上，上身中正，沉胯圆裆。目视前方。（图3-21）

图3-21

2. 以腰为轴，上体向右倾俯；至极限时自然向前下俯，旋向左侧；继向左、向后仰身；弧形摇转一周，至右侧。（图3-22～图3-27）

图3-22

图3-23

图3-24

图3-25

图3-26

图3-27

3. 然后，向左立起上身，还原。（图3-28）

图3-28

4. 接着，做左摇转，动作与上述右摇转相同，唯方向相反。（图3-29～图3-35）

图3-29

图3-30

图3-31

图3-32

图3-33

图3-34

图3-35

5. 按上述练法，左右摇转各3遍后，伸腿立身，两手垂放。调匀呼吸。（图3-36）

图3-36

四、回眸频频治五劳（第四段）

【练法分解】

1. 承接上段。两掌自体侧上收，于胸前两腕交叉，左内右外，两掌背向前，指尖向斜上。目视前方。（图3–37）

图3–37

2. 上体向左后转倾身；同时，两掌分开，左掌向左后下撑，约与胯平，指尖向下；右臂屈肘上撑于头部右侧斜上方，右掌置于右大臂内侧，掌心向下，指尖向后。两掌用力分撑，头部及上身尽量向左后转，两眼极目后视右脚跟。保持姿势一会。（图3–38）

图3–38

图3–38附图

3. 然后，恢复立身，两腕交叉于胸前。（图3-39）

图3-39

4. 接着做向右后瞧，动作与上述左后瞧相同，唯方向相反。（图3-40、图3-41）

图3-40

图3-41

5. 上述动作左右进行各3遍后，上体前俯，两膝挺直；两掌下伸，抓抱两脚跟。上体尽量下俯，头部后伸，两眼极目从裆下后视。保持姿势一会。（图3–42）

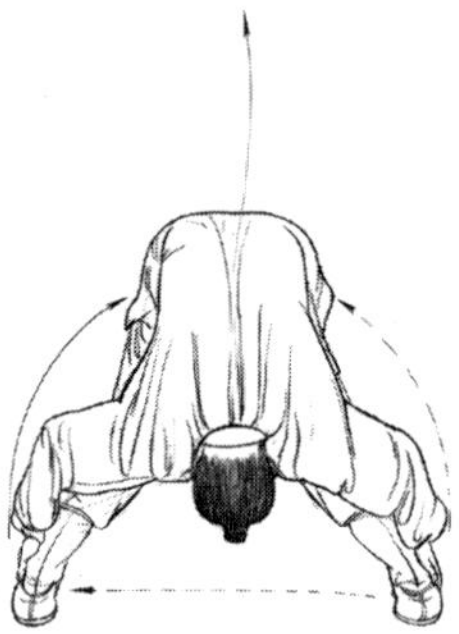

图3–42

图3–43

6. 立起上身，左脚内收并步；两手松开，放于体侧。调匀呼吸。（图3–43）

五、只手举鼎消谷气（第五段）

【练法分解】

1. 承接上段。两掌自体侧上收，于胸前两腕交叉，左里右外，两掌背向前，指尖斜向上。目视前方。（图3-44）

图3-44

图3-45

2. 右掌翻转，向上伸臂上举，掌心向上，指尖向左；同时，左掌内旋，掌心向下，下按至右胯外侧，指尖向前。挺胸抬头，两掌根用力，右掌上托，左掌下按，形成对称抻拔劲。（图3-45）

3. 两脚并紧不动，身体缓缓向左后旋转，两掌尽力抻拔；目向后视，至不能再转为度。（图3–46）

图3–46

图3–46附图

4. 身体向右转正，两掌仍保持上举下按姿势。（图3–47）

图3–47

5. 左掌上收右胸前；右掌划弧下落左胸前，两腕交叉。（图3-48）

图3-48

6. 接着，做左掌上举、右掌下按动作。（图3-49～图3-52）

图3-49

图3-50

图3-51

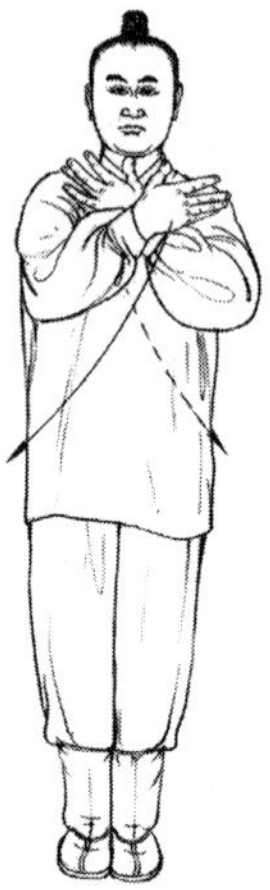

图3-52

7. 上述动作为一遍，共做3遍后，垂放两掌。调匀呼吸。（图3-53）

图3-53

六、张弓搭箭射大雕（第六段）

【练法分解】

1. 承接上段。两掌抬伸，直臂对肩，掌心向上，指尖向前。（图3–54）

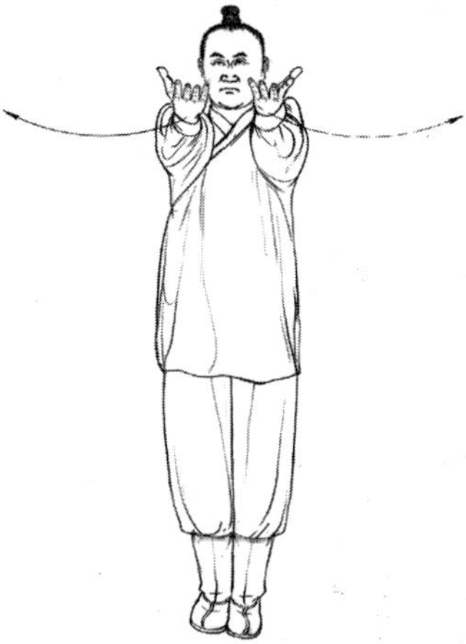

图3–54

图3–55

2. 两掌向左右分开，一字平肩，虎口向下，掌心向外。（图3–55）

3．两掌向下、向后划弧，至腰后相交，右掌心托住左掌背。（图3–56）

图3–56

图3–56附图

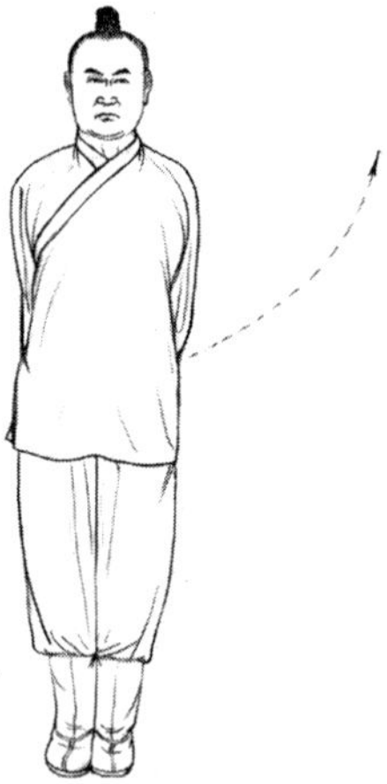
图3–57

4．两掌相合不变，伸臂向下，直至尾闾部；同时，挺胸正脊。（图3–57）

5. 右掌不动；左掌向左直臂伸开，高与肩平，掌心向上，指尖向左。目视左掌。（图3–58）

图3–58

图3–59

6. 动作不停，左掌上举，向右划弧，屈臂放下，掌指按住右耳，左臂贴住后脑。（图3–59）

7. 接着，左掌扒动头部，使之向右后转动。二目用力后视。（图3-60）

图3-60

图3-61

8. 松开左掌，头部前转，目视右前方；同时，左掌收至左肩前变拳，拳心向下，左肘外抬约与耳平。（图3-61）

9. 然后，做右手动作。（图3–62 ~ 图3–64）
左右连贯，各做3遍。

图3–62

图3–63

图3–64

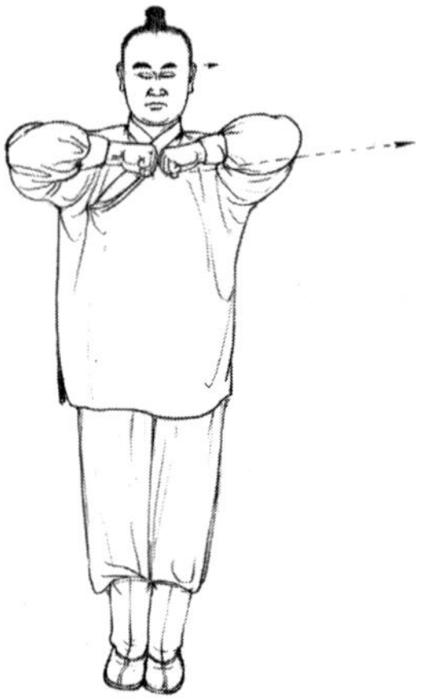

图3-65

10. 右掌落于右肩前变拳，两拳面相对，拳心向下，屈肘平肩；身体转正。（图3-65）

图3-66

11. 左拳变掌，向左推出，坐腕竖掌，掌心向外，指尖向上，腕与肩平；同时，右拳向右拉至右肩前，开胸阔肩，两手成开弓拉箭之势。目视左掌。（图3-66）

12. 右拳向左平肩冲出，拳心向下，拳面向左；左掌收至右大臂内侧，指尖向上。目视右拳。（图3-67）

图3-67

图3-68

13. 右拳收回右胸前，左掌变拳落于左胸前，两拳面相对，拳心向下，屈肘平肩。（图3-68）

14. 接着，做右开弓、左冲拳动作。（图3-69 ~ 图3-71）左右连贯，各做3遍。

图3-69

图3-70

图3-71

图3–72

15. 然后，两拳变掌，下落体侧。调匀呼吸。（图3–72）

七、通臂攥拳开仙目（第七段）

【练法分解】

1. 承接上段。两掌屈指握拳，用力攥紧，拳眼向里，拳面向下；同时，两眼瞪起，精神抖擞。（图3–73）

图3–73

2. 两拳缓缓用力收提，至胸两侧，拳心向上。瞪睛炯目。（图3–74）

图3–74

图3–75

3. 两拳向下冲压，至两腿两侧，拳眼向里，拳面向下，拳心向后。瞪视前下。（图3–75）

图3-76

4. 稍停，握拳攥紧不松，用力收提至两腋前，拳心向里，拳面向上。（图3-76）

图3-77

5. 两拳向左右韧劲冲伸，一字平肩，拳心向下，拳面向外。瞪视前方。（图3-77）

6. 稍停，两拳攥紧不松，用力内收胸侧，拳心向上。（图3-78）

图3-78

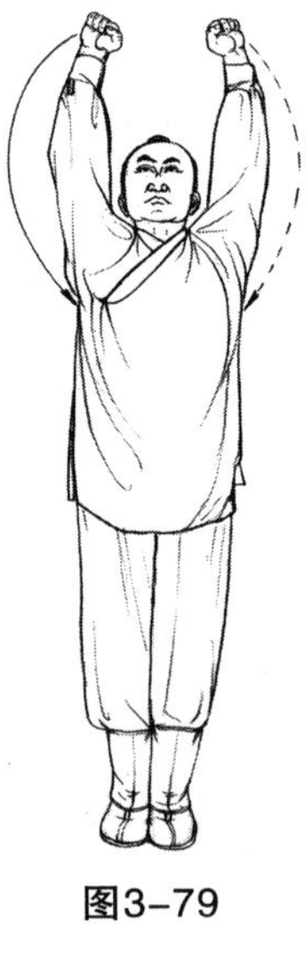

图3-79

7. 两拳向上冲伸，拳眼相对，拳面向上。瞪睛上视。（图3-79）

8. 稍停，两拳攥紧，用力下收肋侧，拳面向前。瞪睛怒目。（图3-80）

图3-80

图3-81

9. 两拳向前冲伸，两臂平肩，拳面向前，拳心相对。（图3-81）

10. 稍停，随即用力下收肋侧，拳面向上。瞪睛前视。（图3–82）

以上诸动，练习3遍。

图3–82

图3–83

11. 松拳成掌，垂于体侧。调匀呼吸。（图3–83）

八、地动山摇百邪消（第八段）

【练法分解】

1. 承接上段。左脚向左横开一步，两脚间距宽于两肩，成大开步；同时，两掌握拳，收抱腰间。目视前方。（图3–84）

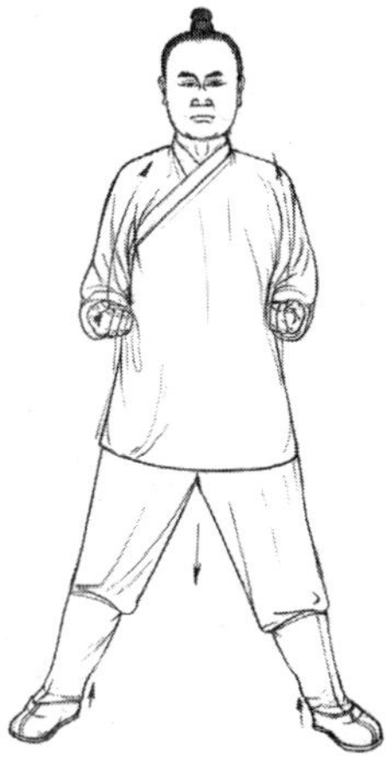

图3–84

图3–85

2. 两拳变掌向正前对肩插出，十指开张，掌心向下，指尖向前；同时，两腿屈膝半蹲成马步，十趾抓地，两脚跟提起，上体略向前倾。（图3–85）

3. 两掌外旋握拳，用力向后收抱，拳心向上，拉回腰间；同时，两前脚掌上翘，用力使脚跟震地。上身随之起立，胯部后倾，上体前倾，脚跟站稳，保持平衡。（图3-86）

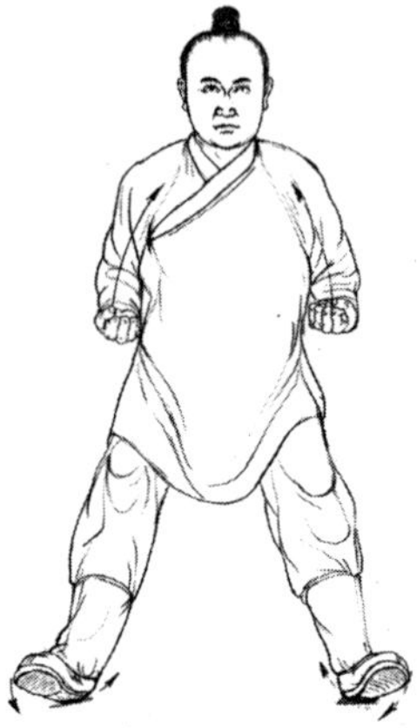

图3-86

图3-87

4. 两前脚掌落地，十趾抓地，脚跟提起，两腿屈膝半蹲成马步；同时，两掌向前插出，同上。（图3-87）

5. 上述动作为一遍，反复练习7遍后立身，两掌伸臂垂于体侧。目视前下。（图3-88）

图3-88

图3-89

6. 左脚右收，两脚并步，正身直立；两掌收贴胯侧。目视正前。（图3-89）

7. 接着，两掌外旋上提，端于胸侧，掌心向上；同时，两脚跟提起。（图3–90）

图3–90

图3–91

8. 随即，落下脚跟；同时，两掌抖劲下撑于胯侧，指尖向前，掌心向下。（图3–91）

9. 如此提跟、端掌；落跟、撑掌，共抖动7遍。（图3–92、图3–93）

图3–92

图3–93

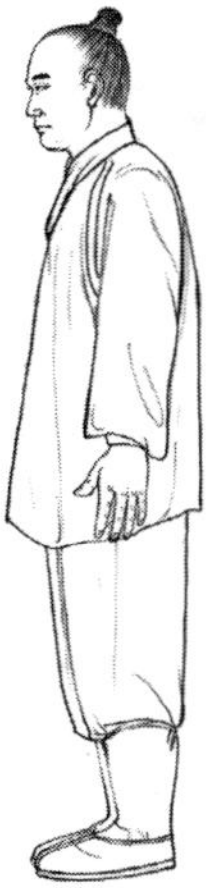

图3–94

10. 练毕后，放两掌，垂体侧；调呼吸，收好功。（图3–94）

第四章

全真龙门八段锦

全真龙门八段锦，历代皆是口授单传，知者甚少。直至1993年，才由道教全真派龙门正宗第21代传人张至顺道长公开传出，惠及众生。

此套八段锦，在心法、歌诀、顺序、动作上，与一般八段锦有很大的不同，是内功八段锦的典型功法。此功先练“通利三焦”，来发动全身气机，继之再运用内劲，逐一调理脏腑。“肾为先天之本”，是人体生命之根基，故“固肾腰”。脾为后天之本，练肾后，接之“调理脾胃”。继而“左肝右肺”。然后练心。心乃“君主之官”，“回头望足去心疾”。另对人体潜藏的“五劳七伤”，练以“向后瞧”来祛除。最后通过“凤凰展翅”和“两足顿顿”两段，整合全身，畅通经脉，增益气力。如此练一脏、健一脏，终必收到防病祛病、强身健体、长寿延年的圆满功效。

张至顺（米晶子）17岁承传此功，数十载习练不辍，至2015年仙逝时已103岁，生前尚耳聪目明，牙坚齿固，可见此功养生高妙之效。当年张道长曾言："贫道讲求实际，不爱多言，欲健壮而长寿者，朝练夜练。百天四月，自己可知，亲友可见。长期坚持，倒啖甘蔗，渐入佳境。"

另请读者注意的是，全真龙门八段锦乃民间俗称，编者所学乃道教信士外传，非为道士内传，请自查阅相关资料。

【歌诀】

双掌插顶利三焦，手足前后固肾腰。
调理脾肤需单举，左肝右肺如射雕。
回头望足去心疾，五劳七伤向后瞧。
凤凰展翅周身力，两足顿顿饮嗜消。

一、起势

【练法分解】

1．两脚开步，正身直立，两脚间距与肩同宽；两掌垂于体侧，全身放松，心平气和，呼吸自然。目视前方。（图4–1）

图4–1

图4–2

2．两掌十指并拢，用力伸直，向里略转，掌心向后，虎口相对。（图4–2）

3. 两掌向上提至肋侧，两掌心向上，指尖相对。（图4-3）

图4-3

图4-4

4. 两掌向里相抱，右掌在下，左掌在上，右掌心托住左掌背，两虎口向前。（图4-4）

二、双掌插顶利三焦（第一段）

【练法分解】

1. 承接上段。两掌向下、向外直臂伸开，落于胯前，两指尖向下，掌心相对。（图4–5）

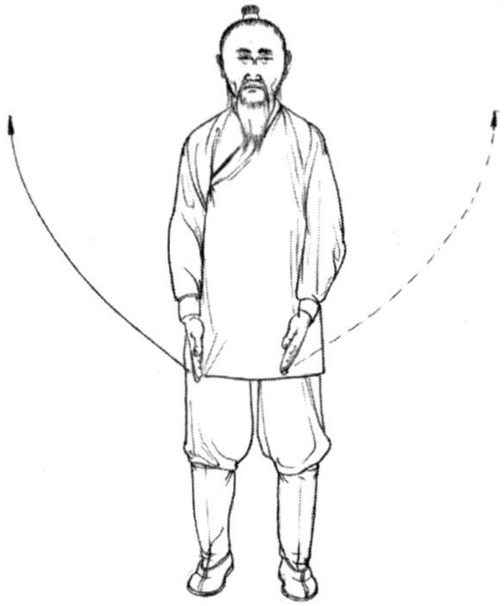

图4–5

图4–6

2. 两臂向左右分展，一字平肩，掌心向下，指尖向外。（图4–6）

3. 两手坐腕竖掌，掌根平肩，指尖向上，掌心向外，两臂暗用挺劲。（图4-7）

图4-7

图4-8

4. 两掌向头顶正上划弧，指尖相接，掌心向上，臂成弧形。（图4-8）

5. 两掌在头顶使掌背相贴，指尖向上。（图4-9）

图4-9

图4-10

6. 两掌用力向上插伸，直至掌背贴紧。（图4-10）

图4–11

7. 双掌直臂分向左右，约与耳平，掌心向下，指尖向外。（图4–11）

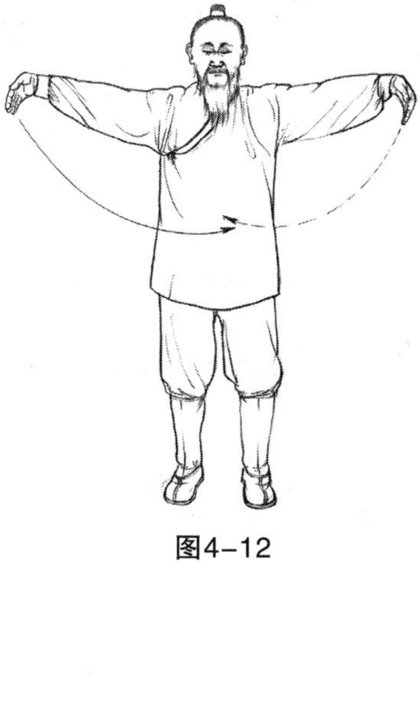

图4–12

8. 两掌下垂勾腕，虎口向前，掌心向内，腕与肩平。（图4–12）

图4-13

9. 两掌向下弧形搂抱，至肚脐上侧，右掌心托住左掌背，掌棱贴腹。稍停。（图4-13）

此段反复练习12遍。

三、手足前后固肾腰（第二段）

【练法分解】

1. 承接上段。两掌内旋相合，掌根、指腹相贴，掌心含空，指尖向前斜上，拇指根节贴靠胸口。（图4-14）

图4-14

2. 身体左转，左脚向左前一步，成左开步，腿直身正；手型不变。（图4–15）

图4–15

图4–16

3. 两手合掌向前插伸而出，直臂平肩。目视两掌。（图4–16）

4. 两掌抡转，掌背相贴，拇指在下。（图4-17）

图4-17

图4-18

5. 两掌直臂向左右分展，一字平肩，掌心向后，指尖向外，虎口向下。（图4-18）

6．左腿屈膝，右腿蹬伸，成左弓步，上体略向前倾；同时，两掌直臂向身后划弧，至尾椎部相合，虎口贴尾椎，指尖向后下。后脑、肩腰、右腿约成一斜直线。（图4–19）

图4–19

7. 两掌心贴紧，用力尽量沿脊柱上提，两肘分张，两手拇指贴住脊椎沟。（图4–20、图4–21）

图4–20

图4–21

8. 拇指贴住后背向左右分开，用掌心按住腰部以上。（图4-22）

图4-22

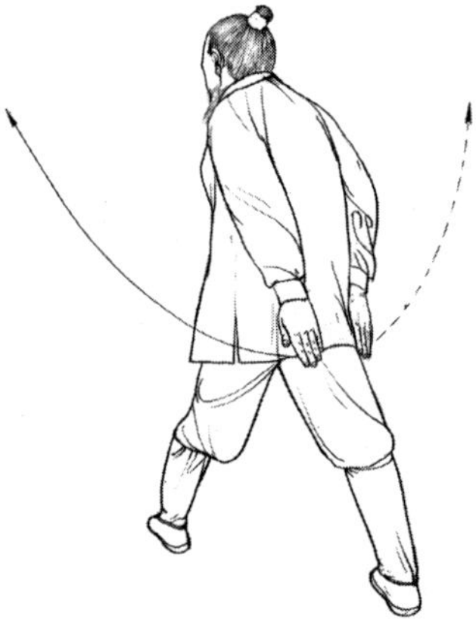

图4-23

9. 两掌向下徐徐推至右臀下侧，直至两臂伸直。（图4-23）

10. 两掌左右伸臂分开，掌心渐转向前，一字平肩，指尖向外，虎口向上；同时，两腿渐渐蹬直。（图4-24）

图4-24

图4-25

11. 两掌直臂向前弧形合拢，虎口向上，指尖向前，高与肩平。（图4-25）

12. 两掌屈臂收回，两腕贴靠胸口，虎口向上，指尖向前；随之左转体约180°，左脚略收，直腿。（图4–26）

图4–26

图4–27

13. 右转体约90°，面向正前；两掌握拳外旋，拳心向上，拳眼向前，拳轮贴胸。目视前方。（图4–27）

14. 稍停，换右腿，向右前迈步成右弓步，练法同前，唯方向相反。

以上左、右动作完成后为一遍，练习12遍。

四、调理脾肤需单举（第三段）

【练法分解】

1. 承接上段。左脚向左横开一步，成大开步伸腿站立。（图4-28）

图4-28

图4-29

2. 两拳内旋，向左移至左腋前，左拳屈肘垂臂，拳心向前，拳眼对左腋部；右拳心贴左腕，拳眼向上。目视前方。（图4-29）

3. 左拳变掌立起，掌心向前，指尖向上；右掌变掌横平，掌心向下，指尖向左，虎口贴于左掌根部。（图4-30）

图4-30

图4-31

4. 左掌向上，经耳旁用力向上伸臂直举，至左肩正上，掌心向上，指尖向后，力达掌根；右掌经左腹侧用力向下直按，至裆前下侧，指尖向左；同时，左腿屈膝成左弓步。（图4-31）

5. 两掌同时外旋，左掌直腕向上插伸，掌心向右，指尖向上；右掌直腕向下插伸，掌心向左，指尖向下。（图4-32）

图4-32

图4-33

6. 两掌同时用力屈指握拳，右拳眼向前，拳面向下；左拳眼向后，拳面向上。（图4-33）

7. 两拳向左肋侧收拢，两拳眼向上，拳凸相贴，左肘外张，右前臂横于腹前。（图4–34）

图4–34

图4–35

8. 左腿伸膝，重心右移，正上身，大开步；同时，两拳移至上腹前，两拳心向上，拳轮贴身。（图4–35）

9. 然后练习右侧动作，与以上左侧练法相同，唯方向相反。

完成上述左、右举为一遍，练习12遍。

五、左肝右肺如射雕（第四段）

【练法分解】

1. 承接上段。上体左转，两拳变掌，向左侧伸出，直至臂直，高与肩平，指尖向左，掌心斜相对。目视两掌。（图4–36）

图4–36

图4–37

2. 动作不停，两掌向上划弧，伸臂举于两肩正上，指尖向上，掌心相对。（图4–37）

3. 继续向右直臂划弧，掌心斜相对。（图4–38）

图4–38

图4–39

4. 继续向下划弧至小腹前下，两掌心相对，指尖向下。（图4–39）

按上述动作，旋转3圈。

5. 两掌握拳，上提至肚脐上侧，两拳心向上，拳面相对。（图4–40）

图4–40

6. 左拳不动；右拳变掌，里旋上提，立掌于右脸前，指尖向上，约与眉平，掌心向左。（图4-41）

图4-41

图4-42

7. 右掌向左下按，至左腹前，指尖向左；同时，重心左移，左腿屈膝成左弓步。（图4-42）

8. 右掌向右、向上划弧，推成侧掌，高与肩平，掌心向右，虎口向下，指尖向里。目视右掌。（图4-43）

图4-43

9. 左拳向右提至右小臂内侧，拳眼向上；同时，左腿伸膝立身。（图4-44）

图4-44

图4-45

10. 右掌如撑弓把，右臂前伸不变；左拳如拉弓弦，沿右臂内侧、过胸，拉至左肩前，拳眼向上；同时，重心左移，左腿屈膝成左弓步；目视右掌。稍停，力贯手臂。（图4-45）

11. 右掌外旋，转成直掌，右臂伸直，虎口向上，指尖向右；同时，左腿伸膝立身。（图4-46）

图4-46

12. 右掌变拳，拉至右肋侧，拳眼向上；左拳右推至右拳处，拳眼也向上，两拳相靠。目视右前方。（图4-47）

图4-47

图4-48

13. 两拳变掌，向右伸直，掌心斜相对，向上、向左、向下连划3圈，至小腹前，进行“左开弓”练习，练法与上述相同，唯方向相反。

左、右射雕为一遍，练习12遍。

14. 练习后，成图4-46之式，随即内收左脚，成小开步直立；体向左转，面向正前；两拳收至肚脐上侧抱定。（图4-48）

六、回头望足去心疾（第五段）

【练法分解】

1. 承接上段。左脚向左横开一步，两脚成大开步站立；两拳不变。（图4-49）

图4-49

图4-50

2. 左转体约90°，两腿挺直；左肘稍抬，左拳变掌，左移略起，掌心向上。目视左前下方。（图4-50）

3. 右拳变掌，内旋提起，约与口平，掌心向下，指尖向左。两掌斜向如抱球。（图4-51）

图4-51

4. 右掌向左前斜上伸臂推出，直至臂直，高与顶平，掌棱向上，掌心向前；左掌向后下插，高与胯平，指尖向后，虎口向下；同时，身体左倾，左腿屈膝成左弓步。（图4-52）

图4-52

图4-52附图

5. 弓步不变；两掌暗劲抡转，右指尖转向前上，掌心向左；左掌心转为向下。（图4-53）

图4-53

图4-53附图

6. 弓步不变；两手同时用力屈指握拳，右拳眼向上，拳面向前；左拳眼向左，拳面向后。目视右脚跟。（图4-54）

图4-54

图4-54附图

7. 弓步不变；两拳用慢力，缓缓收于肚脐上侧，两拳心向上，拳面相对。目视两拳。（图4–55）

图4–55

图4–56

8. 两拳不变；身体向右转正，两腿伸直，成大开步站立。（图4–56）

9. 然后，练习右转头望足，与上述动作相同，唯方向相反。

左、右回望为一遍，重复12遍。

图4-57

10．左脚内收一步，两脚与肩同宽。（图4-57）

七、五劳七伤向后瞧（第六段）

【练法分解】

1．承接上段。两拳向外稍微拉开，伸指成掌，指尖相对，掌心向上。（图4-58）

图4-58

2. 稍停，两掌向里合拢，十指相叉，掌心仍向上。（图4-59）

图4-59

图4-60

3. 两掌沿胸前上提，至鼻前内旋，掌心向下，臂成环状。（图4-60）

4. 两掌缓缓下按，直至臂直。（图4-61）

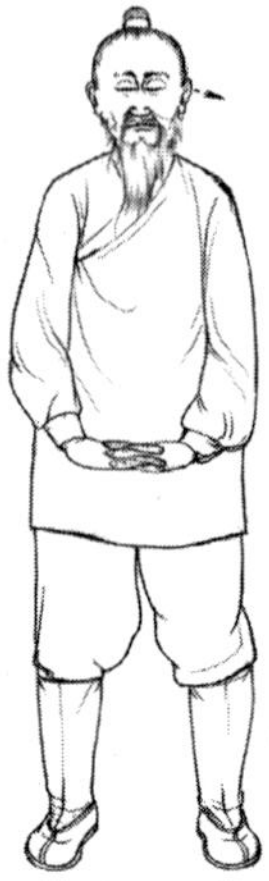

图4-61

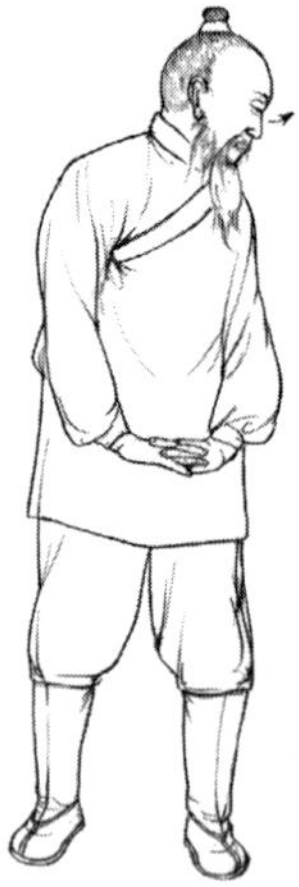

图4-62

5. 两脚不动，头和身体缓缓向左转动。（图4-62）

6. 至左稍停，继续后转。目光随转后视。（图4-63）

图4-63

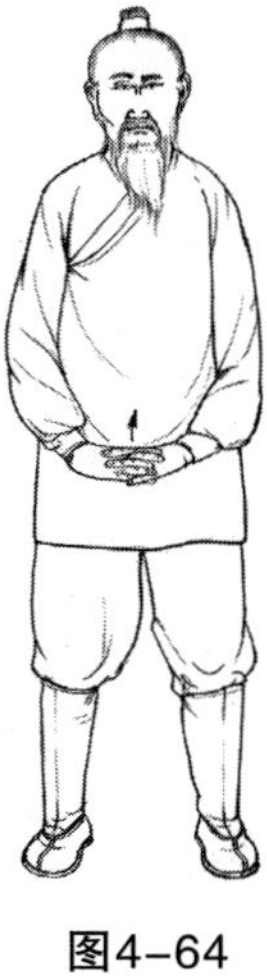

图4-64

7. 右转回正。（图4-64）

8. 头再慢慢向右、向后转动。练法同上。

左、右转瞧为一遍，反复12遍。

9. 练毕，头部转正；两掌外旋，掌心向上，提至脐上。（图4–65）

图4–65

图4–66

10. 两掌松开，屈指握拳，两拳心向上，拳面相对，置于肚脐上侧。（图4–66）

八、凤凰展翅周身力（第七段）

【练法分解】

1. 承接上段。左脚向左横开一步，成大开步正身站立；两拳不变。（图4-67）

图4-67

图4-68

2. 上体左转约90°；同时，两拳变掌，向左插伸，掌心相对，约与肩平。（图4-68）

图4-69

3. 动作不停，两掌直臂向上划弧，举于头顶上方；上体向右转正。（图4-69）

图4-70

4. 两掌直臂向右、向下划弧，身体右转。（图4-70）

5. 身体转正，两掌直臂划弧至小腹下方，指尖向下，掌心相对。（图4–71）

上述为一圈，连划3圈。

图4–71

图4–72

6. 当划到第3圈，双掌至头顶上方时，稍停。（图4–72）

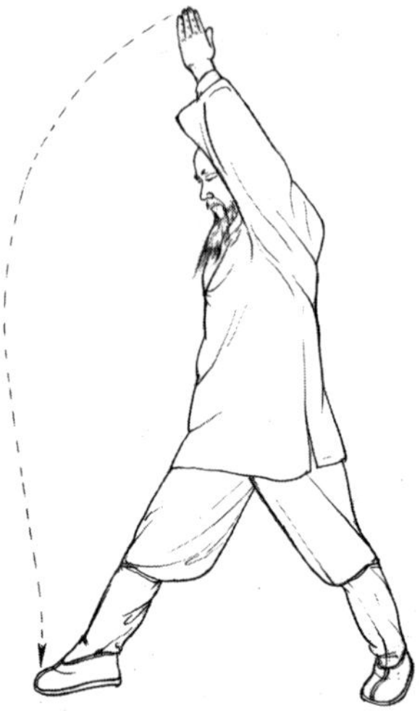
图4-73

7. 右转体约90°，右掌放下，垂于体侧。（图4-73）

图4-74

8. 向右弯腰附身，左掌指尖点触右脚尖，右掌后扬助劲，两臂伸开。（图4-74）

9. 直腰，左掌回至头顶上方，右掌垂放。（图4–75）

图4–75

图4–76

10. 再弯腰，以左掌指尖点触右脚尖，右掌后扬。（图4–76）

按上述，直腰、弯腰，左掌指尖连点右脚尖3次。

11. 点毕，当左掌提至右膝前方时，右掌下落于右膝前方，两掌指尖向下，掌心相对。（图4–77）

12. 继续向上、向左、向下划圈，弯腰，右掌指尖点触左脚尖，方法与上相同，唯方向相反。

左、右展翅为一遍，重复12遍。

图4–77

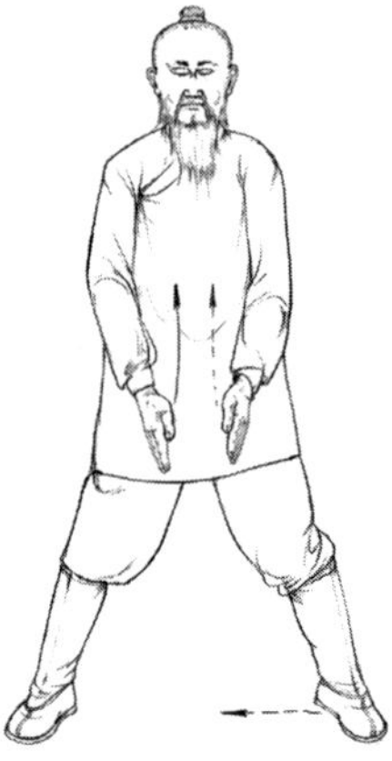
图4–78

13. 练毕，两掌划圈至小腹下侧时，停住。（图4–78）

14. 两掌握拳，提至肚脐上侧，拳心向上，拳面相对；同时，左脚稍收，两脚小开步，对肩直立。（图4–79）

图4–79

九、两足顿顿饮嗜消（第八段）

【练法分解】

1. 承接上段。两拳向外拉开，伸指成掌，置于肋前，指尖相对，掌心向上，两肘稍抬。（图4-80）

图4-80

图4-81

2. 稍停，两掌向里合拢，十相相叉，掌心仍向上。（图4-81）

图4-82

3. 两掌沿胸前上提，至鼻前内旋，掌心向下，臂成环状。（图4-82）

图4-83

4. 两掌缓缓下按，直至臂直。（图4-83）

5. 左脚内收，两脚并步。然后，两脚跟慢慢抬起，再轻轻下顿，共6次。（图4-84）

头3次提起较高，速度较慢，相隔较久；后3次提起较低，速度较快，相隔较短。

提、顿6次为一遍，至少做6遍。

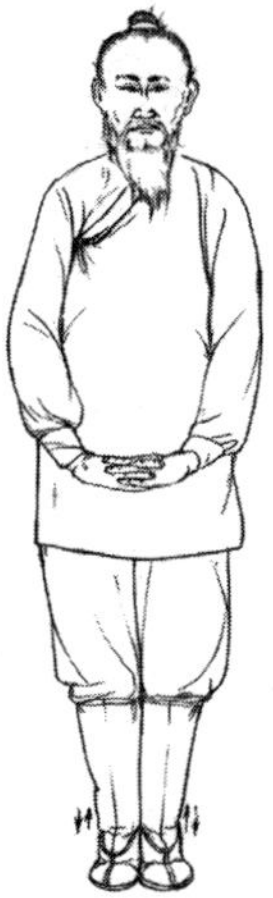

图4-84

图4-84附图

6. 练毕，左脚向左横开一步，两脚对肩直立；两掌外旋上翻，掌心向上，提至脐上。（图4-85）

图4-85

十、收功

【练法分解】

1. 两手松开，指背相靠，指尖向上。（图4-86）

图4-86

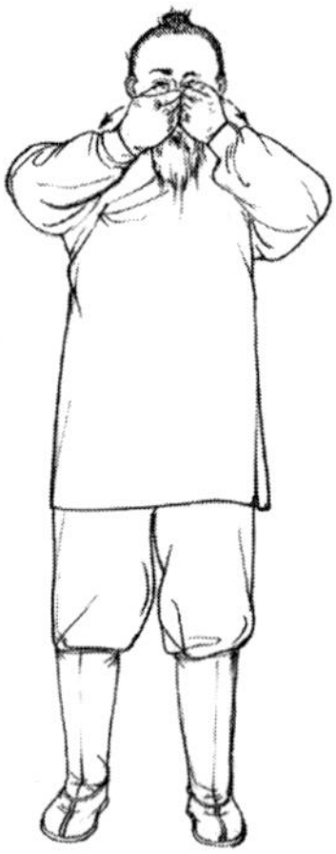

图4-87

2. 两手上提，指尖对鼻。（图4-87）

3. 两掌分开，向外垂掌，腕部下屈，指尖向下，置于两肩前上。（图4–88）

图4–88

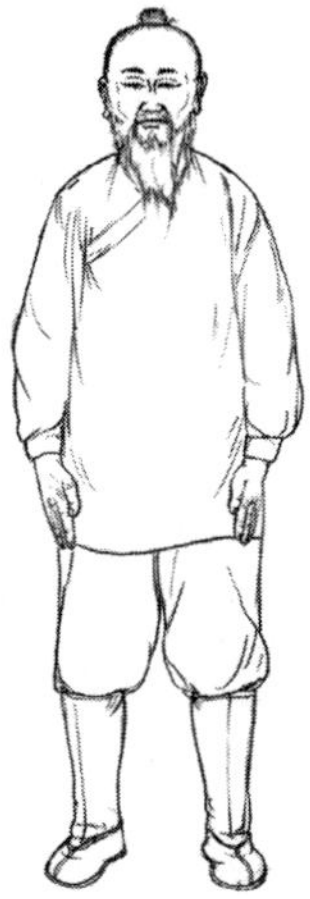

图4–89

4. 两掌下落，垂放胯外；全身放松，调匀呼吸。收功。（图4–89）

第五章

武当大力八段锦

武当大力八段锦，亦称“八段劲”或“八锻劲”，属八段锦之武功一系。

此功练法古朴，动作有力。经常练习，既可舒筋顺气，柔体松身，除疲祛病，养生保健；又可振奋精神，强筋壮骨，大增气力，利于技击。

此功偏重练劲，通过提、举、推、拉、揪、按、抓、坠八大秘法，内外兼修，以意行气，以气运力，内壮脏腑，外壮筋骨，增强体质，增大力量，是内家武术内功的不传之秘。

至于此功始于何时、创于何人，已不可考。编者参考古谱抄本，编绘出来，献予同道。

【古谱】

八段锦，八段劲。

八大法，锻其劲，练无敌。

一段提者，由下向上用力，如提重物，以壮筋体也。

二段举者，双掌向上伸臂而托，犹举重物然。

三段推者，双掌坐腕立指，如推重物然。

四段拉者，拽物拉回是也，如开弓射箭。

五段揪者，旋转提扯是也，以壮指力然。

六段按者，两手由上向下用力，如按物然，聚力周身，贯于双掌也。

七段抓者，五指扣拢，握拳为抓，运力贯指，多方抓拉使然也。

八段坠者，紧握双拳，连身下坠，坠至似蹲。

【歌诀】

一段锦向上提，二段锦把鼎举。
三段锦推山倒，四段锦拉无敌。
五段锦揪不放，六段锦按下去。
七段锦抓大力，八段锦坠入地。

一、一段锦向上提（第一段）

提者，由下向上用力，如提重物，以壮筋体也。

【练法分解】

1. 并步正身直立，两手垂于体侧。目视前方。（图5-1）

图5-1

图5-2

2. 两膝缓缓全蹲；同时，两掌十指撑开，向下按地于两脚前外侧，指尖按地，两臂伸直。目视前下。（图5-2）

3. 两掌缓缓外旋，用力抓握成拳，拳心向上前，拳面向下。（图5–3）

图5–3

图5–4

4. 两腿伸膝而起，立身并步；同时，两拳握紧，随起身缓缓提至两腰侧，肘尖向后，拳心向上。（图5–4）

5. 两肘用力向上、向外张开，约与肩平，两拳随之提至腋下，拳心向后，拳面向下。（图5-5）

图5-5

图5-6

6. 两脚先左后右，渐次外开，间距超肩，随即屈膝成马步；同时，两拳用力直臂下伸于两膝外上，拳心向后，拳面向下。目仍视前下。（图5-6）

7. 臀部下沉，上身略前俯；同时，两拳成掌，下伸至两脚尖外上，十指张开，指尖向下，掌心向后。（图5–7）

图5–7

图5–8

8. 两掌外旋，用力屈指握拳，拳心向前，拳面向下。（图5–8）

9. 两膝缓缓立起；同时，两拳用力上提，直至两肋外侧，拳心向后，拳面向下，两肘外撑，约与肩平。略停片刻。（图5-9）

图5-9

图5-10

10. 全身放松，两拳松指成掌，下垂体侧；两脚先右后左，渐次收拢，并步正立。（图5-10）

此段初习6遍，逐渐增加，以不过疲为度。

二、二段锦把鼎举（第二段）

举者，双掌向上伸臂而托，犹举重物然。

【练法分解】

1. 承接上段。两掌上提于肋角两侧，掌心向上，指尖向里，遥遥相对。平视前方。（图5–11）

图5–11

图5–12

2. 两掌向里上托，两腕交叉胸前，左内右外，两掌心向里，指尖斜向上。（图5–12）

图5-13

3. 右掌沿左肩前上翻，用力伸臂托举于头顶上方，掌心向上，指尖向左；同时，左掌沿腹前向左下按，用力伸臂下撑于左胯外侧，掌心向下，指尖向前。两掌上下争劲，保持片刻。（图5-13）

图5-14

4. 右掌沿头部左侧收至左胸前，左掌沿腹前上收至右胸前，两腕交叉，右内左外。（图5-14）

5. 左掌沿右肩前上翻，用力伸臂托举于头顶上方，指尖向右；同时，右掌沿腹前向右下按，用力伸臂下撑于右胯外侧，指尖向前。两掌争劲，保持片刻。（图5-15）

图5-15

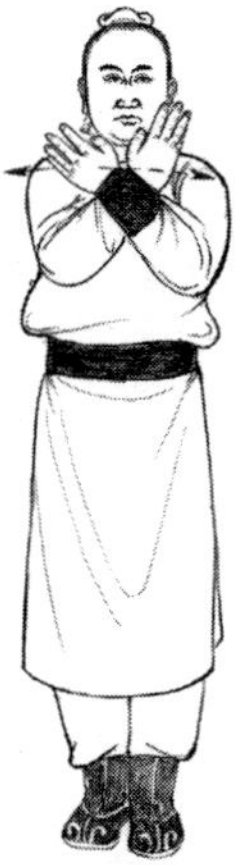
图5-16

6. 左掌沿头部右侧下落于右胸前，右掌沿腹前上收至左胸前，两腕交叉，右内左外。（图5-16）

7. 两肘向外分张上抬，约与肩平；两掌坐腕，立于肩前，掌根平肩，指尖向上，掌心相对。目视前方。（图5-17）

图5-17

图5-18

8. 两掌用力伸臂向头顶上方托举，两掌心向上，指尖相对；仰视双掌。托举撑住，保持片刻。（图5-18）

9. 两脚先左后右，渐次外分，间距超肩，随即屈膝下蹲成马步；同时，两掌下落，屈臂托于两肩前，肘尖下垂，掌心向上，指尖向后。（图5-19）

图5-19

图5-20

10. 两掌用力向上伸臂托举，掌心向上，指尖相对；仰视两掌。上举撑劲，保持片刻。（图5-20）

11. 两掌左右弧形分开，握拳收抱腰间。目视前方。（图5-21）

图5-21

图5-22

12. 两脚先右后左，渐次收拢，并步正立；两拳变掌，垂于体侧，身体放松。（图5-22）

此段初习6遍。

三、三段锦推山倒（第三段）

推者，双掌坐腕立指，如推重物然。

【练法分解】

1. 承接上段。两掌上收肩前，屈肘竖腕，掌心向前，指尖向上，高与肩平。目视前方。（图5-23）

图5-23

图5-24

2. 两掌用力向正前方伸臂推出，掌根平肩，掌心向前，指尖向上。（图5-24）

3. 两掌回收肩前，屈肘竖腕，掌心向里，指尖向上，高与肩平。（图5–25）

图5–25

图5–26

4. 开胸展臂，两掌用力向左右推出，掌根平肩，坐腕竖掌，掌心向外，指尖向上。目视前方。（图5–26）

5. 两掌回收肩前，屈肘竖腕，掌心向里，指尖向上，高与肩平。（图5-27）

图5-27

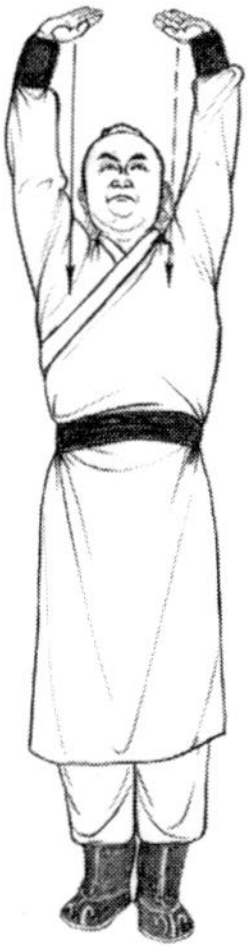

图5-28

6. 两掌用力伸臂上推于两肩上方，掌心向上，指尖向后。仰视上方。（图5-28）

7. 两掌回收肩前，屈肘竖腕，掌心向里，指尖向上，高与肩平。目视前方。（图5-29）

图5-29

图5-30

8. 两脚先左后右，渐次外开，间距超肩，随即屈膝下蹲成马步；手形不变。（图5-30）

9. 马步不变；两掌用力向前伸臂推出，掌根平肩，掌心向前，指尖向上。目视前方。（图5-31）

图5-31

图5-32

10. 马步不变；两掌回收肩前，屈肘竖腕，掌心向里，指尖向上，高与肩平。（图5-32）

11. 马步不变；两掌用力向左右伸臂推出，掌根平肩，指尖向上，掌心向外。（图5-33）

图5-33

12. 马步不变；两掌回收肩前，屈肘竖腕，掌心向里，指尖向上，高与肩平。（图5-34）

图5-34

图5-35

13. 马步不变；两掌用力伸臂推举于两肩上方，掌心向上，指尖向后。仰面上视。（图5-35）

14. 马步不变；两掌外划，下收腰间，掌心向上。目视前方。（图5-36）

图5-36

图5-37

15. 两脚先右后左，渐次收拢，并步正立；两掌放下，垂于体侧。（图5-37）

此段初习6遍。

四、四段锦拉无敌（第四段）

拉者，拽物拉回是也，如开弓射箭。

【练法分解】

1. 承接上段。左脚向左横跨一步，上体左转，成左弓步；同时，上体前俯，两掌向左脚前上方伸出，两指尖斜向下，掌心相对。目视两掌。（图5-38）

图5-38

2. 右掌变拳，用力向上、向后拉回，至右肩前停住，拳面斜向下，拳眼斜向上，拳心向里；同时，左掌变拳，暗劲前伸，拳面斜向下，拳眼斜向上。两拳一拉一伸，相互争力，保持片刻。（图5–39）

图5–39

图5–40

3. 两拳争力不变，上身立起，重心右移，左腿蹬伸，右腿屈膝成横裆步；同时，左拳随右倾身向左上直臂斜举，高度过顶，成开弓射箭式。目视左拳。（图5–40）

4. 右转俯身，两拳变掌，向右脚前上方伸出，两指尖斜向下，掌心相对。开始练习右式，与上述左式方向相反。（图5-41~图5-43）

左、右开弓，反复连贯，初习6遍。

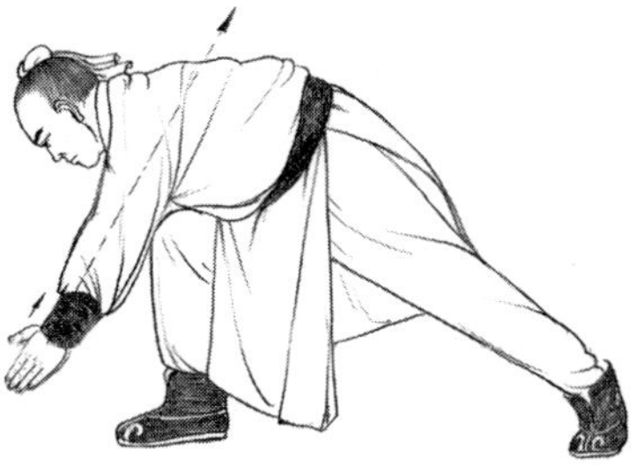

图5-41

图5-42

图5-43

5. 练毕，两拳顺势收向胸前，屈臂平肩，两拳心向下，拳面相对；同时，右脚稍向内收，屈膝半蹲成马步。目视前方。（图5-44）

图5-44

图5-45

6. 左脚收拢，身体上起，并步直立；两拳变掌，下垂体侧。（图5-45）

五、五段锦揪不放（第五段）

揪者，旋转提扯是也，以壮指力然。

【练法分解】

1．承接上段。左脚向左横开一步，上体左转成左弓步；同时，左掌抱拳，收于左腰间，拳心向上；上体前俯，右掌向左脚前上伸出，掌心向左，指尖向下。目视右掌。（图5-46）

图5-46

图5-47

2．右掌向右横平划弧，至右脚外侧，掌心向里，指尖向下近地；两膝挺直。目视右掌。（图5-47）

3. 右掌外旋，拧腕握拳，用力揪提至右肋前；上身随之立起。目视右拳。（图5-48）

图5-48

图5-49

4. 左拳变掌，向右脚前上伸出，掌心向里，指尖向下近地；上身前俯，右拳收腰。目视左掌。（图5-49）

5. 左掌向左横平划弧，至左脚外侧。（图5-50）

图5-50

6. 左掌外旋，拧腕握拳，用力揪提至左肋前；上身随之立起。目视左拳。（图5–51）

此段初习6遍。

图5–51

图5–52

7. 两拳成掌，下垂体侧；左脚收拢，并步正立。（图5–52）

六、六段锦按下去（第六段）

按者，两手由上向下用力，如按物然，聚力周身，贯于双掌也。

【练法分解】

1. 承接上段。左脚向左横开一步，两腿屈膝半蹲成马步；同时，两掌上托胸前，两掌心向上，指尖相对。目视前方。（图5-53）

图5-53

图5-54

2. 两掌里旋，翻转成掌心向下，用力按至地面，指尖相对；上身前俯，马步不变。目视前下。（图5-54）

3. 两掌向外翻转，随上身立起，提至胸侧，掌心向上，指尖向前。（图5-55）

图5-55

图5-56

4. 两掌经两膝前，用力下按至两脚前外侧，指尖斜向前，掌心向下，用力伸臂；同时，臀部下沉，上体略前倾。（图5-56）

5. 两掌外旋，向上提收胸侧；同时，伸膝立身。（图5-57）

此段初习6遍。

图5-57

图5-58

6. 放松身体，两掌下垂；左脚收步，正身直立。（图5-58）

七、七段锦抓大力（第七段）

抓者，五指扣拢，握拳为抓，运力贯指，多方抓拉使然也。

【练法分解】

1. 承接上段。左脚向左横开一步，两腿屈膝半蹲成马步；同时，两掌收于腰间，屈指成爪。目视前方。（图5-59）

图5-59

2. 马步不变；两爪用力向前上方推出，腕与肩平，爪心向前，虎口向里。目视前方。（图5-60）

图5-60

图5-61

3. 马步不变；两爪向外旋腕，扣指缠拧，手心相对，虎口向前。（图5-61）

4. 马步不变；缠至爪心向上时，用力屈指，抓握成拳。（图5-62）

图5-62

5. 马步不变；两拳用力向内收拉，拳心向里，拳面向上，高与喉平。目视两拳，全神贯注。（图5-63）

图5-63

图5-64

6. 马步不变；两拳握紧，不要松劲，缓缓下收，抱于腰侧。目视前方。（图5-64）

7. 身向前附，臀部下沉；两拳变爪，向前下按，虎口相对，十指用力触地。目视两爪。（图5-65）

图5-65

8. 两爪外旋，用力扣指，抓握成拳，拳心向上，稍向上提。（图5-66）

图5-66

图5-67

9. 两拳用力向上提拉，至两腰际，拳心向上；同时，两腿略起，成高马步。目视前方。（图5-67）

10. 臀部下沉，两腿成四平大马；同时，两拳变爪，屈肘划至肩前，虎口对肩，肘尖斜向外垂。目视前方。（图5-68）

图5-68

11. 马步不变；两爪用力向左右分展推开，两腕平肩，两爪心向外。（图5-69）

图5-69

图5-70

12. 两爪后旋，扣指成拳，拳面向上，两腕平肩，两肘稍屈。（图5-70）

13. 两拳用力向上、向里收至胸前，拳心向下，拳面相对。目视两拳。（图5-71）

图5-71

14. 松拳成爪，两肘下垂，两爪上翻停于肩前外侧，爪心向上。目视前方。（图5–72）

图5–72

图5–73

15. 两爪用力向上伸臂，托举于两肩上方，爪心向上，虎口相对。仰视两爪。（图5–73）

16. 两掌外旋，扣指成拳，拳心向后，拳面向上，两肘稍屈。（图5–74）

图5–74

17. 两拳用力下拉，至两肩前侧，肘尖下垂稍分。（图5-75）

图5-75

图5-76

18. 两拳松指成掌，下垂体侧；两脚收拢并步，正身直立。（图5-76）

此段初习6遍。

八、八段锦坠入地（第八段）

坠者，紧握双拳，连身下坠，坠至似蹲。

【练法分解】

1. 承接上段。左脚外开一步，两脚间距略宽于肩，开步直立；同时，两掌外展抬臂，至一字平肩时，五指合拢成勾手，勾尖向下。不停，两勾手向上提劲，伸臂举于两肩上方，勾尖仍向下。（图5–77）

图5–77

图5–78

2. 然后，臀部缓缓下坐，两勾暗劲上提，成相互争力之势。臀部下沉到底而止。（图5–78）

图5-79

3. 接着，两手下收，用力抱拳腰际，拳心向上。（图5-79）

图5-80

4. 缓缓立身，至腿伸直。（图5-80）

此段初习6遍。

5. 左脚收拢，并步正立；两拳松手，垂于体侧；全身放松，调匀呼吸。收功。（图5-81）

图5-81

第六章

道功导引八段锦

王怀琪《订正八段锦》载："所谓八段锦者，别名拔锻筋也。道功静修久坐，易有筋痹骨痛之患，必以动功拔锻舒筋，而醒脑提神，开胸顺气，通经活络，化瘀去滞，故又名道功导引法。而后人以其为八式，遂称八段锦，勤习百邪远避。亦名'外丹八段锦'，乃相对于道家'内丹八段锦'坐功而言。"

此功初练时，应保持姿式准确，并根据功法及时修正动作，以免积久成弊。另外应配合眼神、呼吸等来增强练功效果。练时应全神贯注，心无旁骛，不能三心二意。眼神跟随运动轨迹，将目光落于指掌。动作宜舒宜缓，气息宜静宜匀。持之以恒，功效灵验。

王怀琪，江苏吴县人，中国近代体育教育家，曾出版过《易筋经二十四图说》《分段八段锦》《八段锦舞》《订

正八段锦》，以及《徒手游戏三百种》《跑冰术》等十余种专著，颇受欢迎，憾现已很难全见。

【歌诀】

手托阴阳太极图，朱雀青龙结白虎。
龟蛇一体化玄武，白猿通背转辘轳。
龙虎相交生金丹，道功除疾逍遥步。

一、双手托（第一段）

【练法分解】

1. 双脚并立，两拳抱腰。平心静息，两目平视。（图6–1）

图6–1

图6–2

2. 两拳变掌，上提胸前，似抱球状，十指开张，掌心向里，指尖相对，肘横肩垂。(图6–2)

3. 两掌内旋，缓缓向上移动，一直翻举至头顶正上方，掌心向上，指尖相对，两肘稍屈。头也随之后仰，目视掌背。（图6–3）

图6–3

图6–4

4. 随后，两掌变拳，左右分开，缓缓下落，置于腰侧。（图6–4）

此段反复练习12遍。

二、前朱雀（第二段）

【练法分解】

1. 并脚抱拳。（图6-5）

图6-5

图6-6

2. 左拳变掌，对肩前伸，掌心向上，指尖向前。（图6-6）

3. 左掌用力握拳，缓缓收回腰间。（图6–7）

图6–7

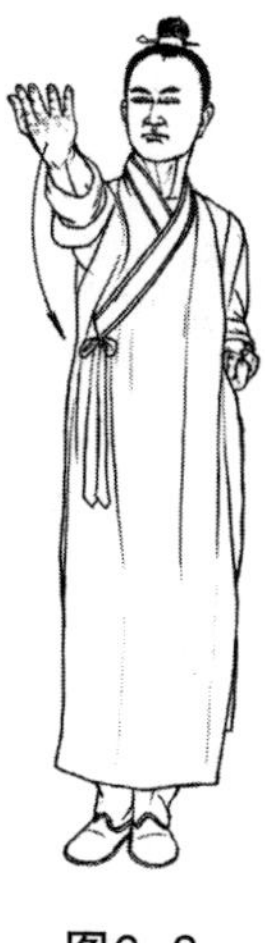

图6–8

4. 练习右手，方法同左。（图6–8）

左右手轮流练习，各12遍。

三、左青龙（第三段）

【练法分解】

1. 并脚抱拳。（图6–9）

图6–9

图6–10

2. 左拳变掌，向左侧伸出，至臂与肩平时止，指尖向左，掌心向上。目视左掌。（图6–10）

3. 左掌用力握拳，收回腰间。

此段反复练习12遍。

四、右白虎（第四段）

【练法分解】

此段与上段左青龙练法相同，唯左右相反。（图6–11、图6–12）

此段反复练习12遍。

此段也可与上段左青龙合为一组，一左一右，左右相接，联合起来，共练习24遍。读者自选。

图6–11

图6–12

五、后玄武（第五段）

【练法分解】

1. 并脚抱拳。（图6-13）

图6-13

图6-14

2. 左拳变掌，向身后伸出，高与肩平，掌心向上，指尖向后。后视左掌。（图6-14）

3. 左掌翻转下按，掌心向下，指尖向外，直臂按至左胯后外。目视左掌。（图6–15）

图6–15

图6–16

4. 动作不停，身体右转；左掌变拳，内转上提，收至腰间。目视前方。（图6–16）

5. 然后，练习右手，与左手练法相同，左右相反。（图6-17～图6-19）

左右交替练习共24遍。

图6-17

图6-18

图6-19

六、转辘轳（第六段）

【练法分解】

1. 并脚抱拳。（图6-20）

图6-20

图6-21

2. 左拳变掌，向前伸出，指尖斜向上，约与眼平。目视左掌。（图6-21）

3. 左掌下划至左胯外，指尖斜向下。（图6-22）

图6-22

图6-23

4. 然后，左掌里划，抡绕一周，直臂举至左肩正上方，指尖向上，掌心向右。目视左掌。（图6-23）

5．随之，左掌右旋，向前下压，至左脚尖前外侧，以掌背触地，指尖向后；向下俯身，双膝挺直，不能弯曲。（图6–24）

图6–24

6. 上身立起；左掌用力握拳，提转抱于腰间。（图6–25、图6–26）

图6–25

图6–26

7. 练习右手，与左手动作相反。（图6-27～图6-31）左右手交替轮流共做24遍。

图6-27

图6-28

图6-29

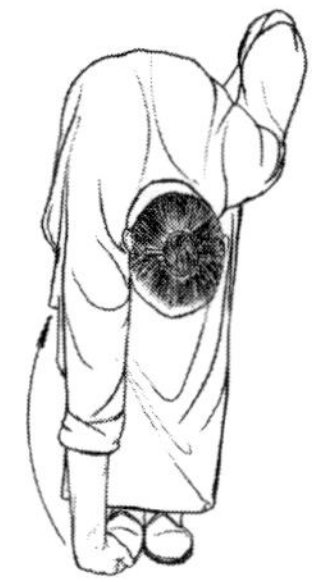

图6-30

图6-31

七、龙虎交（第七段）

【练法分解】

1. 并脚抱拳。（图6-32）

图6-32

2. 双拳变掌，提至胸前，成抱球状，两掌心向内，指尖相对。（图6-33）

图6-33

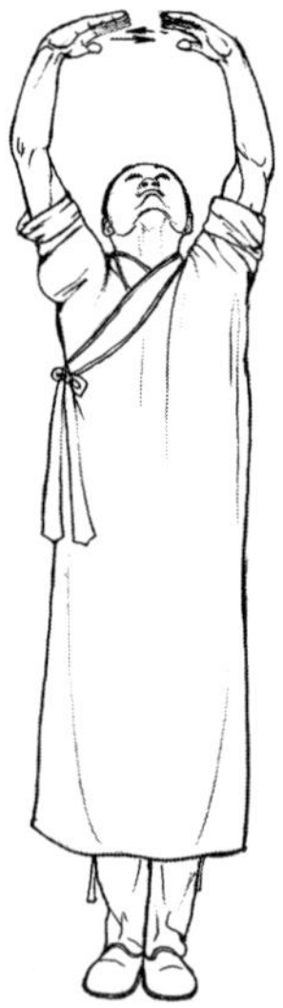

图6-34

3. 双手保持抱球状，一直上移至头顶上方，两掌心向下；头随之上仰。（图6-34）

4. 动作不停，双手随即十指交叉。（图6–35）

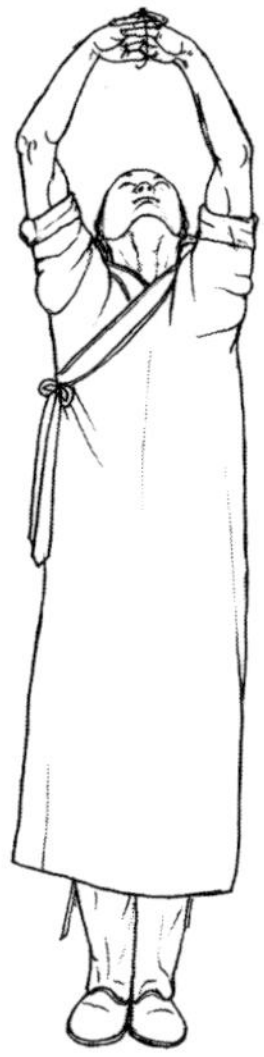
图6–35

图6–36

5. 然后，翻腕变成掌心向上，用力伸臂上推。（图6–36）

6. 至双臂伸直时稍停，继分开双手从两侧落下。（图6–37）

图6–37

7. 双手落至肋侧时屈肘，继提至胸前，成抱球状。（图6–38、图6–39）

反复练习24遍。

图6–38

图6–39

8. 双掌垂放体侧，调匀呼吸。（图6–40）

图6–40

八、步逍遥（第八段）

【练法分解】

散步走动，不拘定式，轻松愉快，逍遥自在，是为收功。

前面七段都是静桩，脚步不动，此段即为练功后活动腿脚，动作随意，故不再配图。

不拘室内室外，皆要多走几步，可调和血气，祛除疲劳，预防偏差，不可忽视。

第七章

娄杰立式八段锦

本套八段锦，取材于清末娄杰《八段锦坐立功图诀》，是其中的一套古传八段锦立功，故称为“娄杰立式八段锦”。

其序载有：“杰幼多病，尝从山左涂君学‘八段锦立功’，习之数年，颇有明效。又从浙西费丈得‘八段锦坐功图说’，其间俯仰展伸，皆有矩度。然非平矜释躁，不能会其精微。杰笔研之暇，间一揣摩，辄觉异常畅适。苟得三昧黄老之秘，当不足言。”

经过分析可知，此功属于道家八段锦秘传流派，同时也是难得一见的医家养生八段锦。编者研学多年，略有寸得，今斗胆整理出来公诸同好，惜水平有限，不能道尽真髓。《八段锦坐立功图诀》出版于光绪二年（1876年），详细内容请参阅本书第八章。

浙江乃武当内家拳流行地，仙家八段锦发源地。相关

资料，编者推荐读者查阅赵闻起《外丹功之仙家八段锦》《内丹功》《静坐与易经》等著作。

娄杰，字受之，浙江山阴(今绍兴)人，清末医家。他在温病学术上崇尚叶天士《临证指南医案》、吴鞠通《温病条辨》，参合《千金要方》《伤寒类证活人书》《景岳全书》《温疫论》等书，融以自己的临证经验，撰成《温病指南》一书。中医文献学家谢仲墨先生对此书颇为赞扬，谓“娄氏此论，简明扼要，是温病治疗的大纲”。

【歌诀】

手把碧天擎（擎天式），雕弓左右鸣（开弓式）。
鼎凭单臂举（举鼎式），剑向半肩横（负剑式）。
擒纵如猿捷（猿蹲式），威严似虎猛（虎踞式）。
更同飞燕急（飞燕式），立马告功成（立马式）。

一、起势

【练法分解】

1. 两脚并步，正身直立；两手垂于体侧，呼吸自然。目视前方。（图7–1）

图7–1

图7–2

2. 先开两脚跟，再开两脚尖；再开两脚跟和两脚尖；再将两脚跟分开，使脚尖微抱，成内八字形（注：本功自始至终，两脚如此），立定。随即，两掌内旋，上提腰侧，掌心向下，掌尖向里，两臂微开，虚腋撑肘。目视前方。（图7–2）

3．两掌内旋，向上架起，提至耳侧，掌心向前，指尖向里，两肘平肩。目视前方。（图7–3）

图7–3

4．身体向下蹲坐，成坐马式；同时，两掌用力向前推出，两掌心向前，指尖相对，臂与肩平。目视前方。（图7–4）

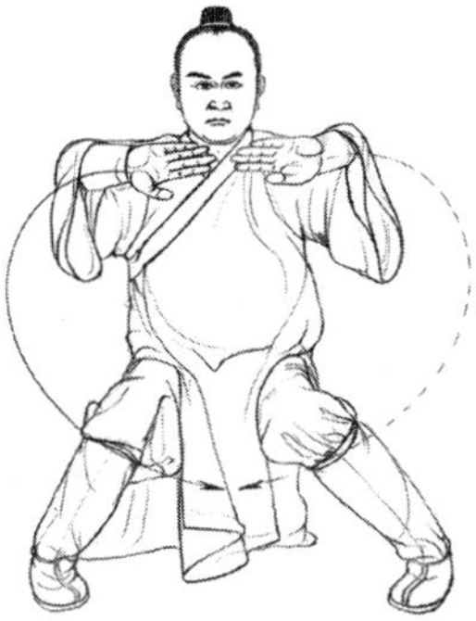

图7–4

图7–4附图

5. 坐马式不变；两掌分别向外、向下、向里划弧，捞抱于两腿之间，指尖相对，掌心向上，两臂伸开，腕部里屈，如搬巨石。目视前方。（图7–5）

图7–5

图7–6

6. 身体缓缓上起，仍保持内八字站立式；同时，两掌向上端起，掌心向上，指尖相对，至与胸平，两臂屈肘，肩不可耸。目视前方。（图7–6）

二、手把碧天擎（第一段）

【练法分解】

1. 承接上段。两掌内旋，架于耳侧，掌心向前，指尖向里，两肘与肩平齐。目视前方。（图7–7）

图7–7

2. 两掌外旋，相并眼前，掌心向里，指尖向上，约与顶平，小臂略垂，两掌如攀重物。目视掌心。（图7–8）

图7–8

图7–8附图

3. 两掌下落，双腕内旋，伸臂向前推出，两掌心向前，指尖相对，虎口向下，掌根对肩；同时，两腿屈膝下蹲。目视前方。（图7-9）

图7-9

图7-10

4. 两掌分别向外、向下、向里划弧，捞抱于两腿之间，指尖相对，掌心向上，两臂伸开，腕部里屈，如搬巨石。目向前视。（图7-10）

5. 身体缓缓上起，仍保持内八字站立式；同时，两掌向上端起，掌心向上，指尖相对，至与胸平，两臂屈肘。（图7-11）

图7-11

图7-12

6. 两掌内旋，下按腹前，掌心向下，指尖相对。（图7-12）

三、雕弓左右鸣（第二段）

【练法分解】

1. 承接上段。下盘内八字站立式不变；两掌翻转，上端胸前，指尖相对。目视前方。（图7–13）

图7–13

图7–14

2. 双掌分开，右掌向右缓缓拉往右肩前，虎口向上，掌心向里，肘向后引；头向左转，左掌向左缓缓推出，直至臂直，掌心向左，掌根平肩，两手如开弓状。目视左掌。（图7–14）

3. 头部转正，两掌回至胸前端起，继做右开弓式。与上述动作相同，唯左右相反。（图7–15、图7–16）

图7–15

图7–16

图7–17

4. 身体转正，目视前方，下盘不变；同时，两掌后旋，向左右伸展，臂与肩平，掌心向前，虎口向上，指尖向外。（图7–17）

5. 两臂屈肘，两掌收架耳侧，掌心向前，虎口向下，指尖向里，两肘平肩。（图7–18）

图7–18

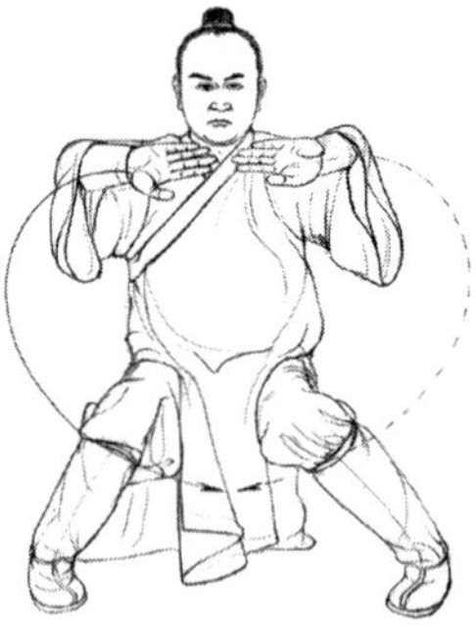

图7–19

6. 两掌下落，伸臂向前推出，两掌心向前，指尖相对，虎口向下，掌根对肩；同时，两腿屈膝下蹲，成坐马式。（图7–19）

7. 两掌分别向外、向下、向里划弧，捞抱于两腿之间，指尖相对，掌心向上，两臂伸开，腕部里屈，如搬巨石。（图7-20）

图7-20

图7-21

8. 身体缓缓上起，成站立式；同时，两掌向上端起，掌心向上，指尖相对，至与胸平。（图7-21）

图7-22

9. 两掌内旋，下按腹前，掌心向下，指尖相对。（图7-22）

四、鼎凭单臂举（第三段）

【练法分解】

1. 承接上段。下盘不变；两掌翻转，上端胸前，指尖相对。目视前方。（图7-23）

图7-23

2. 右掌内旋，用力下按裆前，掌心向下，指尖向左；左掌里旋，向头顶左上方托举，直至臂直，掌心向上，指尖向后。（图7-24）

图7-24

图7-25

3. 两掌翻转，使掌心遥遥相对，左掌顺胸前压下，右掌沿胸前上托，两掌缓缓相合如抱球，左掌停于咽喉前，右掌停于胸口前；同时，缓缓屈膝下蹲，成坐马式。（图7-25）

4. 接着，做右举、下按。与上述动作相同，唯左右相反。（图7–26、图7–27）

图7–26

图7–27

5. 双掌用力向前缓缓推出，指尖相对，掌心向前，掌根对肩。（图7–28）

图7–28

6. 身体缓缓上起，成站立式；同时，两掌翻转，向上端起，掌心向上，指尖相对，至与胸平。（图7–29）

图7–29

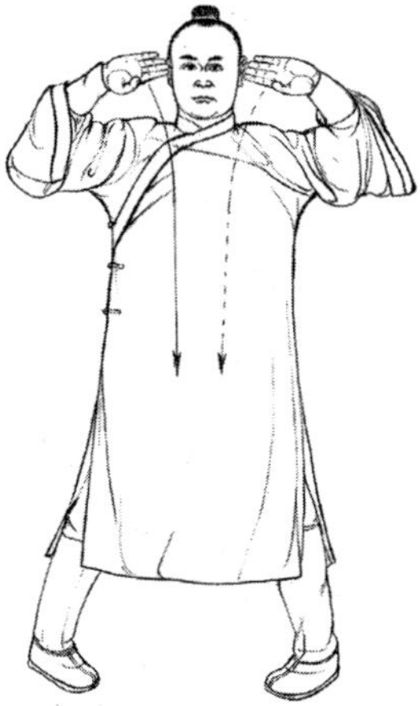

图7–30

7. 两掌上架耳侧，掌心向前，指尖向里，两肘平肩。（图7–30）

五、剑向半肩横（第四段）

【练法分解】

1. 承接上段。下盘不变；两掌转腕，下按腹前，指尖相对。目视前方。（图7-31）

图7-31

2. 左掌缓缓向左背后插转，掌心向后，指尖向右；右掌缓缓向头顶上方撑举，掌心向前，指尖向左；同时，头向左转，二目用力，注视后下。（图7-32）

图7-32

图7-32附图

3．身向右转，右掌划弧下落，缓缓向右背后插转，掌心向后，指尖向左；右掌划弧上提，缓缓向头顶上方撑举，掌心向前，指尖向右；同时，头向右转，二目用力，注视后下。（图7–33）

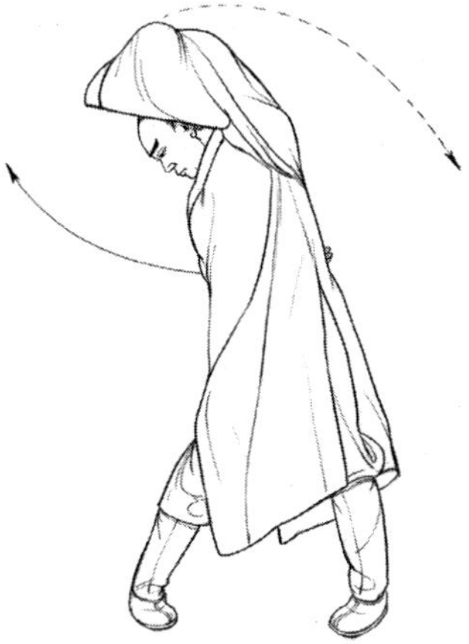

图7–33

图7–34

4．身体转正，两掌向左右伸展，高与肩平，掌心向前，虎口向上，指尖向外。目视前方。（图7–34）

5. 两掌收架耳侧，掌心向前，指尖向里，两肘平肩。（图7–35）

图7–35

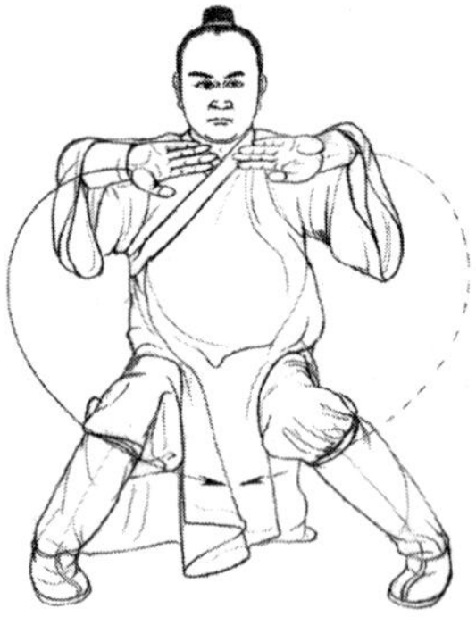

图7–36

6. 双掌用力向前缓缓推出，指尖相对，掌心向前，掌根对肩；同时，两腿屈膝下蹲，成坐马式。（图7–36）

7. 坐马式不变；两掌分别向外、向下、向里划弧，捞抱于两腿之间，指尖相对，掌心向上，两臂伸开，腕部里屈，如搬巨石。（图7-37）

图7-37

图7-38

8. 身体缓缓上起，成站立式；同时，两掌向上端起，掌心向上，指尖相对，至与胸平。（图7-38）

图7-39

9. 双掌内旋，下按腹前；下盘不变。（图7-39）

六、擒纵如猿捷（第五段）

【练法分解】

1. 承接上段。下盘不变；两掌翻转，向上端起，掌心向上，指尖相对，至与胸平。（图7-40）

图7-40

2. 两掌变拳握紧，双腕内旋，用力伸臂向前撞出，拳心向下，拳面向前，高与肩平；同时，两腿屈膝下蹲，成坐马式。（图7–41）

图7–41

图7–41附图

3. 双拳弹指伸掌，十指张开，掌心向下，指尖向前；下盘不变。目视前方。（图7–42）

图7–42

图7–42附图

4. 两掌外旋握拳，屈臂收至胸前，拳心向里，拳面向上；下盘不变。（图7-43）

图7-43

图7-44

5. 然后，两拳内旋，握紧向前撞击，拳面向前，高与肩平；下盘不变。（图7-44）

6. 双拳弹指伸掌，十指张开，掌心向下，指尖向前；下盘不变。（图7–45）

图7–45

图7–46

7. 两掌外转，收至胸前，指尖相对，掌心向上；下盘不变。（图7–46）

8. 双掌里旋，用力向前缓缓伸臂推出，指尖相对，掌心向前，掌根对肩；下盘不变。（图7-47）

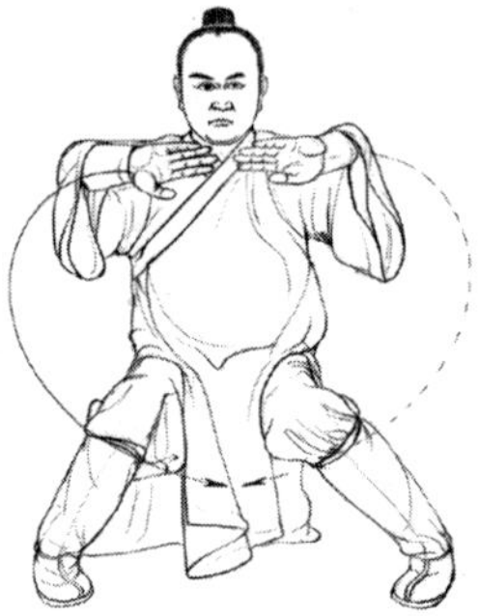

图7-47

9. 两掌分别向外、向下、向里划弧，捞抱于两腿之间，指尖相对，掌心向上，两臂伸开，腕部里屈，如搬巨石；下盘不变。（图7-48）

图7-48

10. 身体缓缓上起；同时，两掌向上端起，掌心向上，指尖相对，至与胸平。（图7-49）

图7-49

图7-50

11. 双掌内旋，下按腹前；下盘不变。（图7-50）

七、威严似虎猛（第六段）

【练法分解】

1. 承接上段。下盘不变；两掌翻转，上端胸前，指尖相对。随即，十指交叉。（图7–51）

图7–51

图7–51附图

图7–52

2. 两掌相叉向头顶上方伸臂托举，掌心向上，直至臂直。（图7–52）

3. 向下弯腰，双掌向下按地于两脚之间；两腿挺直，不要弯曲。（图7–53）

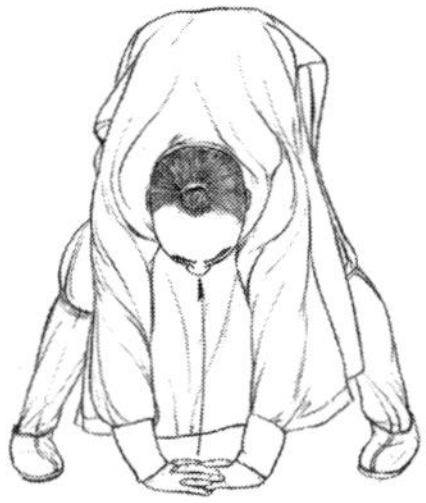

图7–53

图7–53附图

图7–54

4. 上身缓缓上起；双掌翻转，掌心向上，上提胸前。（图7–54）

5. 两掌松开，用力向前缓缓伸臂推出，指尖相对，掌心向前，掌根对肩；同时，两腿屈膝下蹲，成坐马式。（图7-55）

图7-55

图7-56

6. 两掌分别向外、向下、向里划弧，捞抱于两腿之间，指尖相对，掌心向上，两臂伸开，腕部里屈，如搬巨石；下盘不变。（图7-56）

7. 身体缓缓上起，成站立式；同时，两掌向上端起，掌心向上，指尖相对，至与胸平。（图7-57）

图7-57

图7-58

8. 双掌内旋，下按腹前；下盘不变。（图7-58）

八、更同飞燕急（第七段）

【练法分解】

1. 承接上段。下盘不变；两掌翻转，上端胸前，指尖相对。（图7-59）

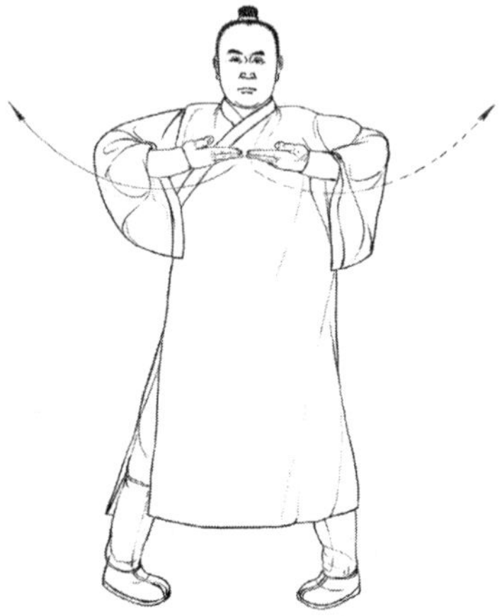

图7-59

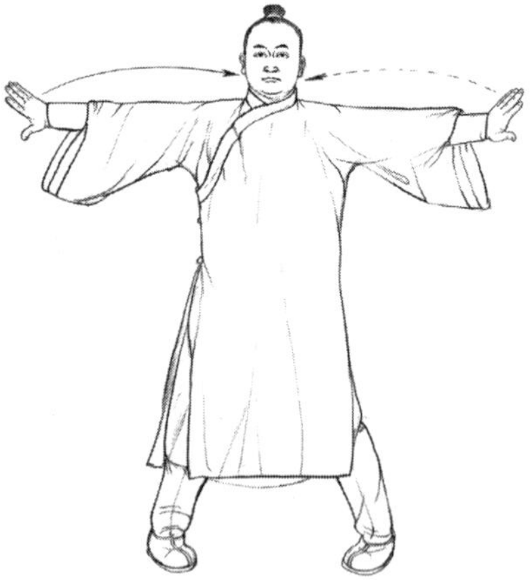

图7-60

2. 两掌向左右伸展，腕与肩平，掌心向外，十指张开，两拇指尖斜向下，其余指尖斜向上；挺胸，两臂微向后仰，如紫燕斜飞。目视前方。（图7-60）

3. 两掌里收，上架耳侧，掌心向前，指尖向里，两肘平肩。（图7–61）

图7–61

图7–62

4. 身体向下蹲坐，成坐马式；同时，两掌用力向前缓缓伸臂推出，指尖相对，掌心向前，掌根对肩。（图7–62）

5. 坐马式不变；两掌分别向外、向下、向里划弧，捞抱于两腿之间，指尖相对，掌心向上，两臂伸开，腕部里屈，如搬巨石。（图7–63）

图7–63

6. 身体缓缓上起，成站立式；同时，两掌向上端起，掌心向上，指尖相对，至与胸平。（图7-64）

图7-64

图7-65

7. 两掌内旋，下按腹前；下盘不变。（图7-65）

九、立马告功成（第八段）

【练法分解】

1. 承接上段。两脚跟离地抬起；其余姿式不变。（图7-66）

图7-66

图7-66附图

2. 两脚跟用力下顿。（图7-67）

随后提起，再向下顿，反复十数次。

图7-67

3. 练毕，两掌下垂体侧，轻闭双目，调息数分钟。（图7–68）

图7–68

4. 开始练习左右踢脚，左脚向右侧踢，右脚向左侧踢，各踢十余次。（图7–69、图7–70）

图7–69

图7–70

5. 踢腿后，再以两手前后甩动十余次。（图7–71、图7–72）

6. 最后，散步一会，至此收功。

图7–71

图7–71附图

图7–72

图7–72附图

第八章

八段锦坐立功图诀（古谱）

本章为古谱节选，介绍了坐功与立功两种八段锦，原作者为清代青莱真人和光绪年间著名医家娄杰。

【序】

昔欧阳文忠公论养生之旨曰："以自然之道，养自然之生，唯不戕贼夭阏，以尽其天年，为得圣人自养之道。"善哉言矣！顾彼圣人者，清心寡欲，节饮食，慎起居，筋骸有束， 气体必克，谓无戕贼夭阏叮已。

今之人，放浪其形骸，惊乱其心志，物欲牵引，夜气牿亡，以求自然养生之道，吾知其难也。

夫人心劳，则气滞；气滞，则形伤。既不能如圣人之德性坚定，以养浩然之气，将唯是调摄其气体，而疏畅其形神，则导引之法，庶几近之。然导引亦不易言也，习之善，可以延年；习之不善，亦足致疾。其道虽微，其术亦不可不择焉。

杰幼多病，尝从山左徐君学"八段锦立功"，习之数年，颇有明效。又从浙西费丈得"八段锦坐功图说"，其间俯仰展伸，皆有矩度。然非平矜释躁，不能会其精微。杰笔研之暇，间一揣摩，辄觉异常畅适。苟得三昧黄老之秘，当不足言。

惜役设尘劳，未遑致力。客窗无事，爰为合辑成编，付之剞劂，以广两君嘉惠之心，而为习养生者他山之助。若有道之士，固知无所取焉。

——光绪丙子秋八月山阴娄杰识

【凡例六则】

1. 坐功旧有图说，然所传闻多异同，兹刻悉就青莱真人原本校定。其有他说可采者，另于图内缀录一二，以备参考。

2. 立功原诀，即两手托天理三焦云云，词既太俚，做法又未明晰。今将歌诀略为润色，并依坐功例，增以图说，细为疏注，以公同志。

3. 立功八正式外，尚有出手、入手十式，权以天干系目用，便辑附至各式中。有应停顿者（凡应停者，初习停三息。渐可渐加，愈久愈妙。其各正式，尤宜多停数刻）。有宜直接下式者，中已注明。

4. 坐功与立功不同。坐功重在养心，立功重在练形。坐功以杜绝妄念为要，习之无所苦，而颇不易致。立功以高下如法为要，初习四肢不免酸痛，然两三月后便可纯熟。此坐立功大效也。

5. 功夫做法虽于图中细注，终难详尽。总之，“齐整自然”四字足以蔽之，要在学者善于领会耳。

6. 坐立两功，一动一静，足可相辅。学者或专习，或并习，各听其便。然必立定课程，每日几次，以不间断为妙。

一、八段锦坐功（清·青莱真人）

八段锦法乃古圣相传，一日之间，得有身闲心静处，便可随行。行时口中不得出气，唯鼻中微放清气。行之久，自能消疾除病，渐觉身轻。能勤苦不怠，则仙道不远矣。

握固二字，人多不考，盖趺坐时，以左脚后跟屈顶肾茎根下动处，不令精窍漏泄云尔。

1. 叩齿集神

此法先须闭目冥心，盘坐握固，静思集神，叩齿三十六次。
叉两手向项后，数九息，勿令耳闻。
乃移手各掩耳，以第二指压中指，击弹脑后二十四次。
凡坐要竖起脊梁，腰勿软，身勿倚靠。（图8-1）

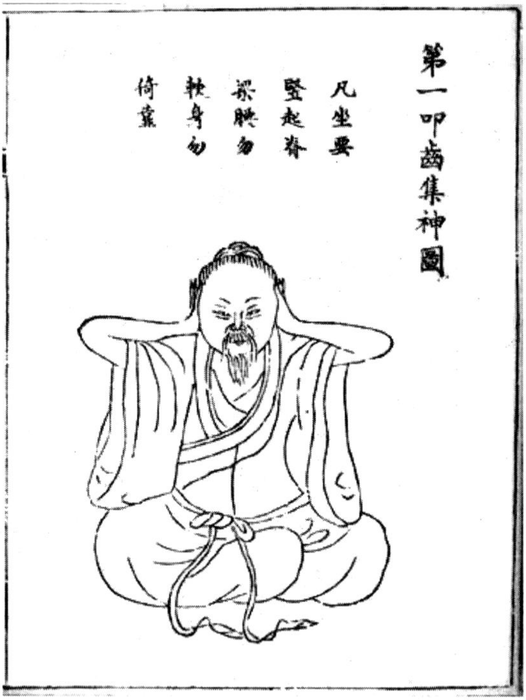

图8-1

2. 撼摇天柱

此法先须握固，乃摇头左右顾，肩膊随动二十四次。（图8–2）

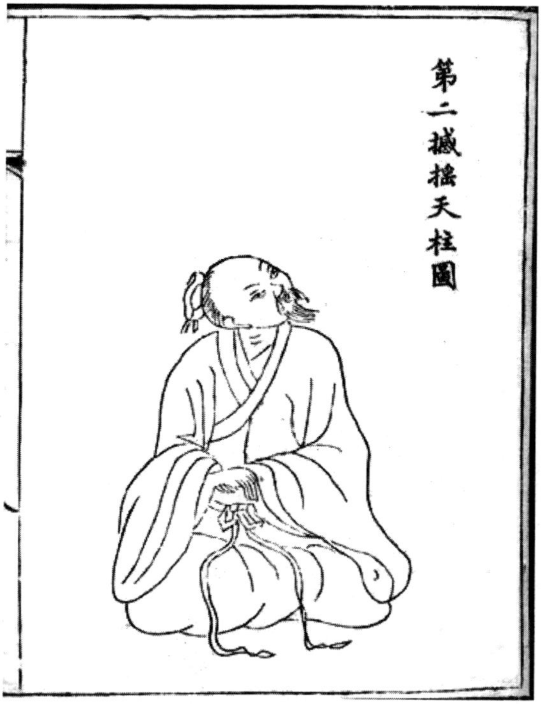

图8–2

3. 舌搅漱咽

此法以舌搅口齿并左右颊，三十次。

待津液生，再漱三十六转。

至盈口，分作三口，如咽硬物咽之。

咽津要汩汩有声，瞑目暗视所咽津液，直送至脐下丹田。（图8–3）

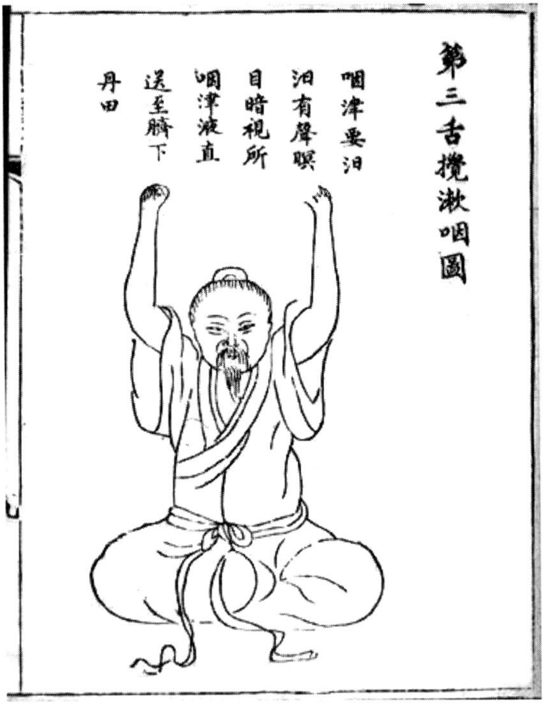

图8–3

4. 手摩肾堂

此法以鼻引清气一口咽之。

少顷，搓手令热，后摩肾堂三十六次。

仍收手握固，再咽清气一口，想心火下烧丹田，觉极热，行后法。

肾堂即精门，在腰后两边极软处。（图8-4）

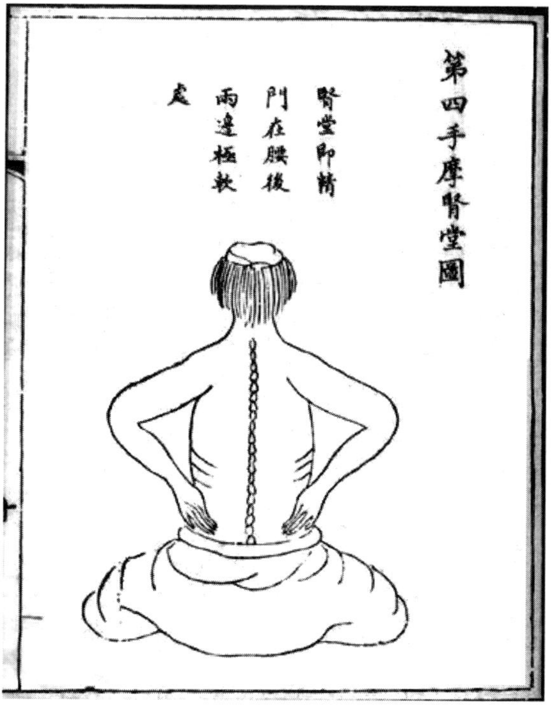

图8-4

5. 单关辘轳

此法须俯首，摆撼左肩三十六次，右肩亦三十六次。（图8-5）

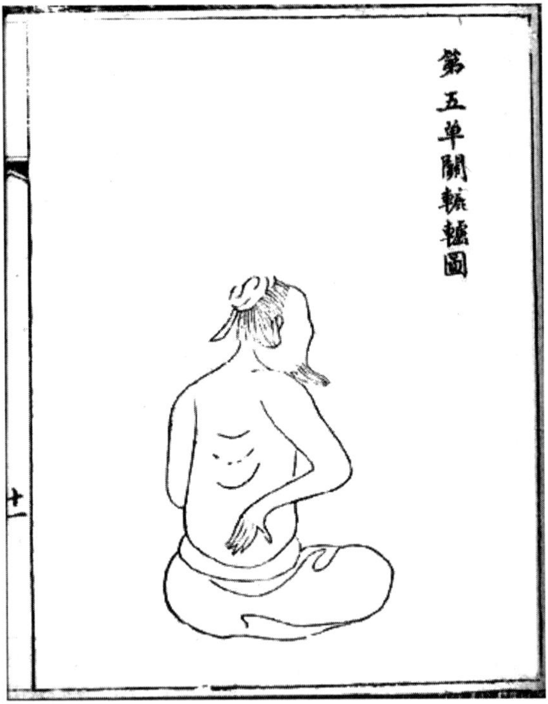

图8-5

6. 双关辘轳

此法两肩并摆，撼至三十六次。
想火自丹田透双关入脑户，鼻引清气一口。
后伸两脚。（图8-6）

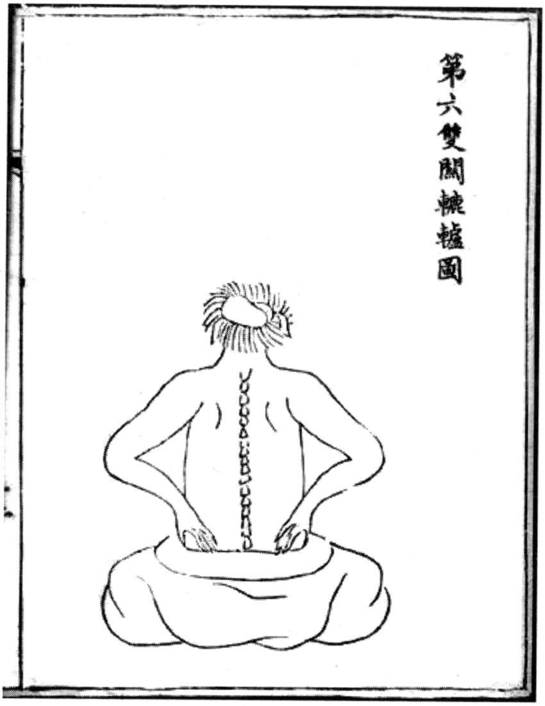

图8-6

7. 托天按顶

此法两手相叉，向上托空按顶，各九次。

托要用力，如重石在手，腰身俱极力上耸。（图8–7）

图8–7

8. 俯首钩攀

此法以两手向前，攀脚心十二次。
乃收足端坐，候口中津液生，再漱再吞，一如前法。
摆肩并身二十四次。
再转单、双辘轳各二十四次。
想丹田火自下而上，遍烧身体。（图8-8）
静坐少顷。此八段毕。

图8-8

二、八段锦立功（清·娄杰）

【歌诀】

手把碧天擎（擎天式），雕弓左右鸣（开弓式）。
鼎凭单臂举（举鼎式），剑向半肩横（负剑式）。
擒纵如猿捷（猿蹲式），威严似虎猛（虎踞式）。
更同飞燕急（飞燕式），立马告功成（立马式）。

【练法】

（一）出手五式

编者注：

立功八段锦要先练此“出手五式”，然后从第5式（“戊字式”）开始，接练“八大正式”。

另外，练习“八大正式”时，还有“入手五式”掺杂其中，且有“出手五式”的重复练习，请读者注意此种情况。

1. 甲字式

平身正立，静息凝神，并足垂肩，凸胸凹腹（凡立身作式，胸腹皆须如此)，两臂微开，手心向地，指尖朝身。

然后开两踵（足跟）、开两趾（足趾），再开两踵、两趾，两开两踵，使足尖微抱（自始至终，两足如此，不可移动），立定。为甲字式。（图8–9）

前臂直，上臂微斜，手掌平，指尖离身寸许，微向后胯。

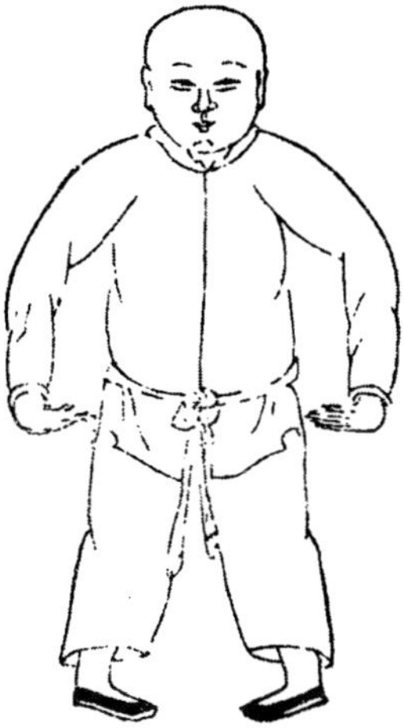

图8-9

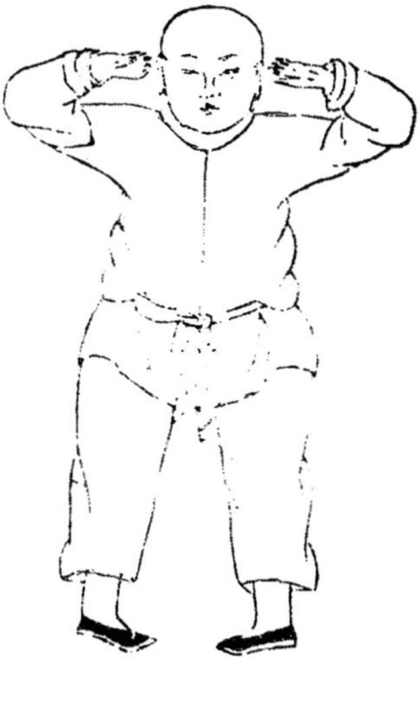

图8-10

2. 乙字式

前式少停，随提手至耳后，掌心向前。为乙字式。（图8-10）

3. 丙字式

行至前式，即以指尖抹耳，尽力向前推出，就势下蹲。为丙字式。（图8–11）

蹲须身子挺直，胯与膝平如坐马式。

两臂要直，其宽窄高下，视肩为准。

手掌要平，指尖微翘，手指相对，约离二三寸。

图8–11

4. 丁字式

前式少停，两手展开，向下抱拢，臂直指屈，如掀巨石。为丁字式。（图8–12）

两掌相对，手指朝上。

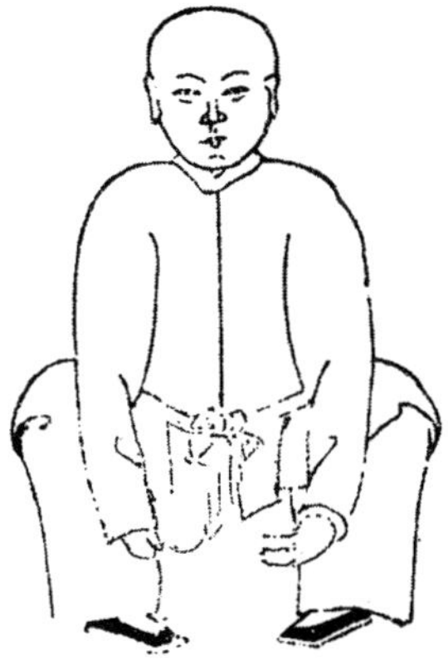

图8–12

5. 戊字式

前式少停，缓缓将手上提，就势起身，手提至口。为戊字式。（图8-13）

提手时，肩不可耸。

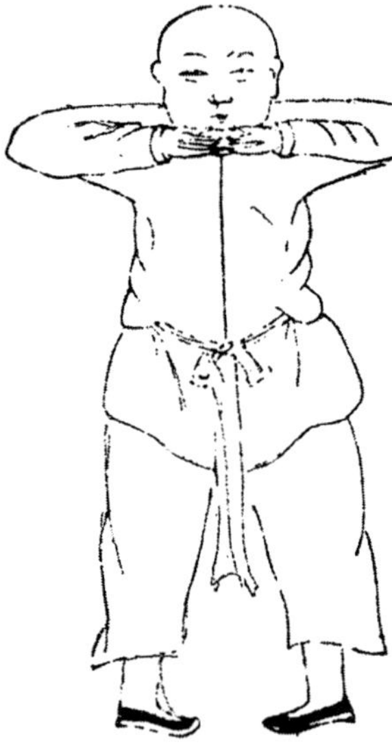

图8-13

（二）立功

1. 擎天正式

（1）行至前式，随翻手向上，两手分开，十指遥遥相对。为擎天式。（图8-14）

上臂横平，前臂直竖，手心向天，方正为度。

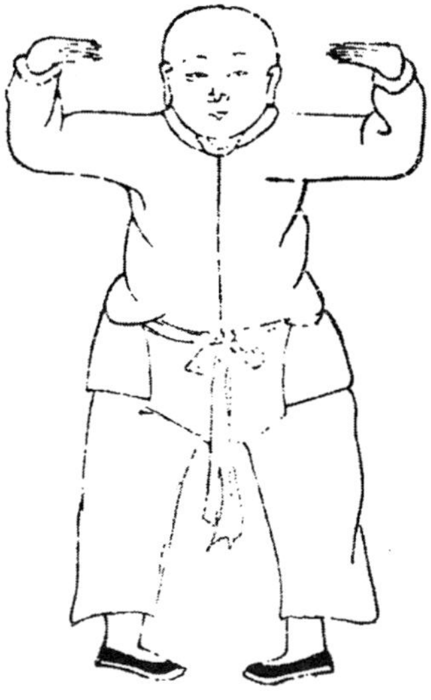

图8-14

（2）接练己字式。

前式少停，翻手对额，十指微屈，如攀重物。为己字式。（图8–15）

编者注：

“己字式”为立功八段锦“入手五式”（己字式、庚字式、辛字式、壬字式、癸字式）之一，即在“八大正式”中加入的附式，利于上下衔接，增大练功量，可增强功效。

另请注意，练习“八大正式”时，“出手五式”也有参入，并且“出手五式”与“入手五式”也有互相连接的，也有互相演变的。

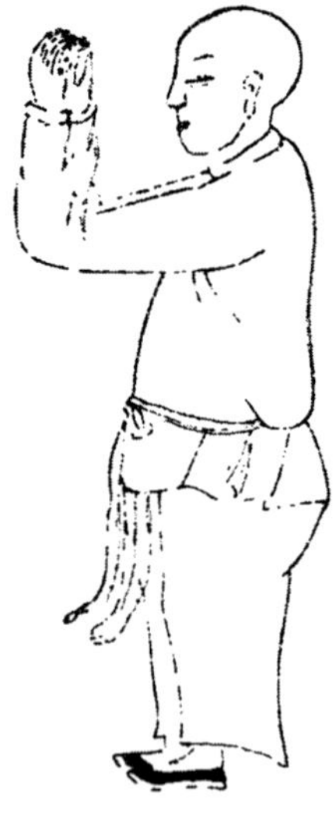

图8–15

（3）接练庚字式。

由前式，下攀至频，翻手外推，蹲身如丙字式。接行丁字、戊字式。

俟提手至口，翻掌下按，气亦随手下降。为庚字式。

两臂直，十指尖相对，约离二寸。（图8–16）

此为一段毕。

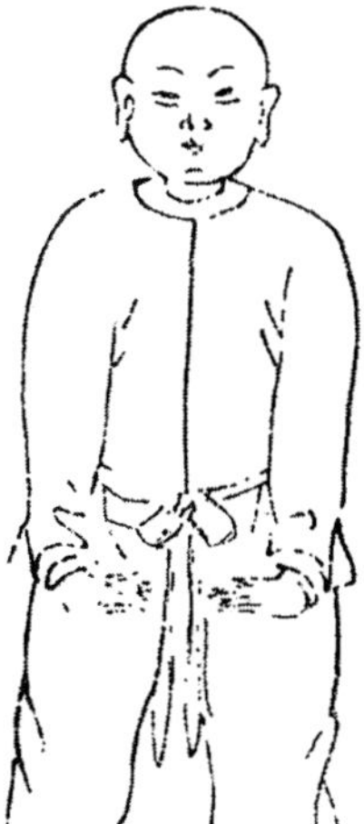

图8–16

2. 开弓正式

（1）由庚字式，两手平抬，转首左顾，左手推出，右臂弯曲，状如开弓。

少停，回首向右，舒右臂、屈左臂如前。为开弓式。（图8–17）

双臂要平，左射目注左手，右射目注右手。

图8–17

（2）接练辛字式。

前式少停，正身舒臂，掌心向前。为辛字式。（图8-18）

（3）随即提手至耳后，如乙字式。

（4）接行丙、丁、戊、庚四字式。

此为二段毕。

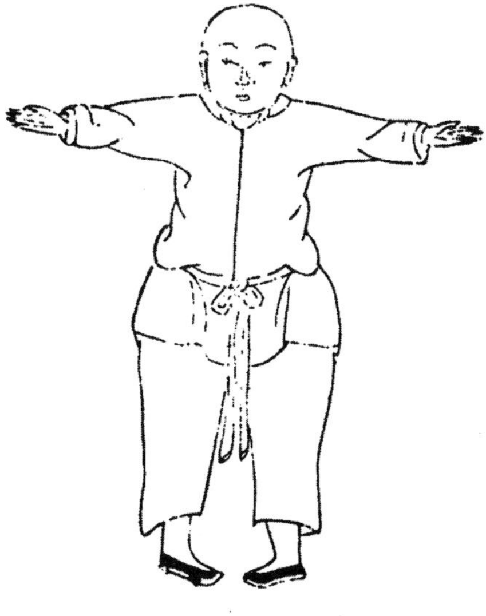

图8-18

3. 举鼎正式

（1）由庚字式，转戊字式，提手至口，左手翻上，右手翻下，指皆微屈，尽力举按，使两手背上下遥对。为举鼎式。（图8-19）

胸要少挺，目微上视。

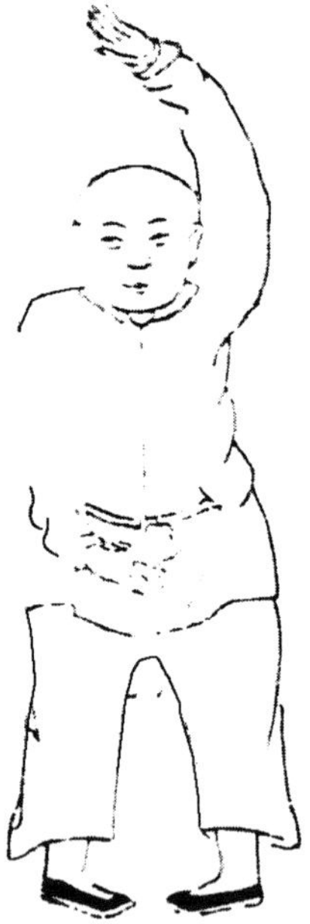

图8-19

（2）接练壬字式。

前式少停，两手猛翻，缓缓凑合，就势下蹲。为壬字式。翻掌时，目注上手。（图8-20）

（3）随即起身，左手上，右手下，举按如前。至此，举鼎式方毕。

（4）仍归壬字式，两手凑合。

（5）翻掌外推，蹲身如丙字式。

（6）接行丁、戊、庚三字式。

此为三段毕。

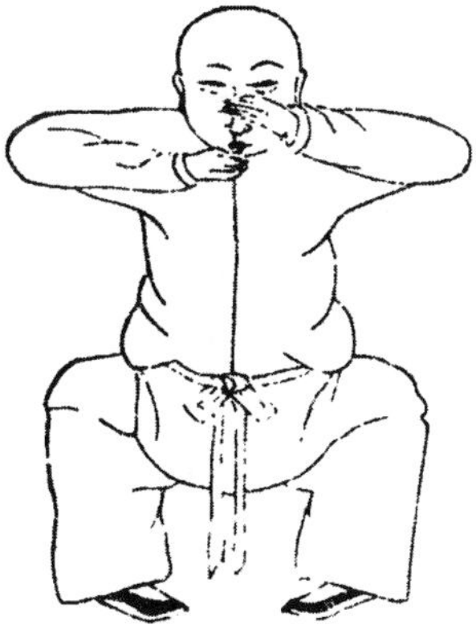

图8-20

4. 负剑正式

（1）由庚字式，左臂背转，右臂抡上，回首向左，后顾右踵。

少停，转身，左臂上，右臂下，回首向右，顾左踵如前。为负剑式。（图8-21）

（2）少停，正身舒臂，作辛字式。

（3）接行乙、丙、丁、戊、庚五字式。

此为四段毕。

图8-21

5. 猿蹲正式

（1）由庚字式，转戊字式，提手至口，紧握两拳，就势下蹲，掌心朝下，用力向前抵出。随翻手舒掌，握回至胸。复转拳抵出如前。（图8-22）

（2）如是三抵，舒掌收回至口，翻手外推，如丙字式。

（3）接行丁、戊、庚三字。

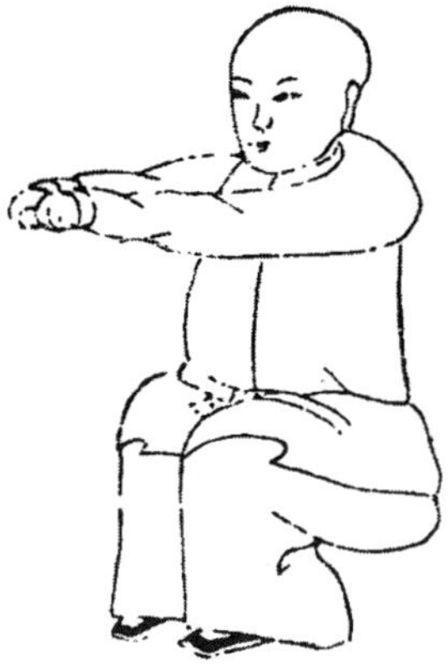

图8-22

（4）接练癸字式。

由庚字式，转戊字式，提手至口，八指交叉，翻掌尽力上举。为癸字式。（图8–23）

此为五段毕。

图8–23

6. 虎踞正式

（1）前式略顿，弯身下按，初按可至膝下，渐习渐低，至地为度。为虎踞式。（图8-24）

（2）少停，缓起，两手分开，上提至口。随后下蹲，转掌外推，如丙字式。

（3）接行丁、戊、庚三字式。

此为六段毕。

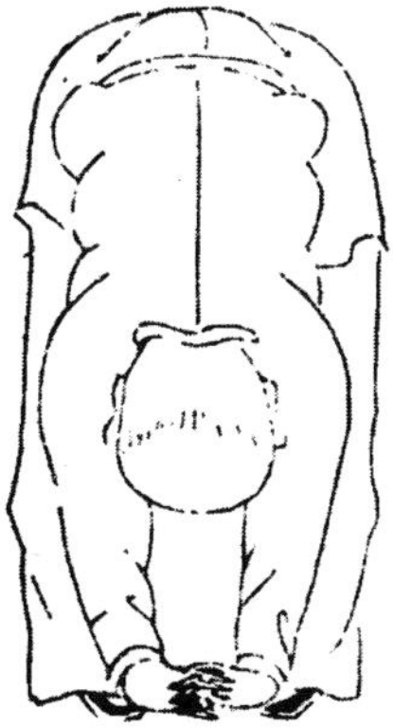

图8-24

7. 飞燕正式

（1）由庚字式，转戊字式，随将两手分开，使与肩平，掌心向下，微微后仰。为飞燕式。（图8–25）

（2）少停，提手至耳后，如乙字式。

（3）接行丙、丁、戊、庚四字式。

此为七段毕。

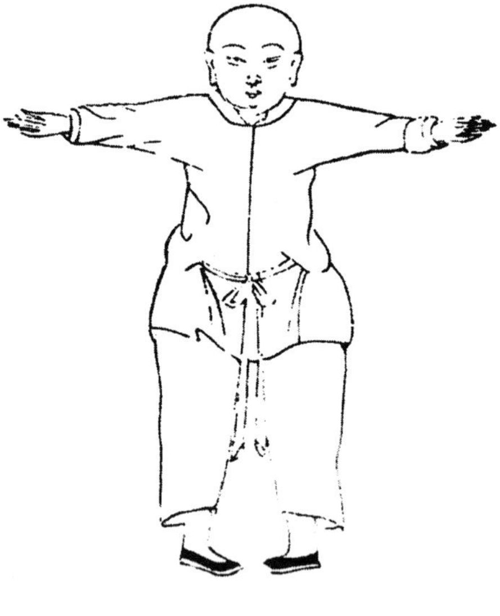

图8–25

8. 立马正式

（1）就庚字式，足跟离地，用力下顿三次。为立马式。（图8–26）

（2）顿毕，闭目调息，缓放两臂，略略行动。

（3）然后左足右踢，右足左踢。又两足各外踢。皆十数下。

（4）复以两手前后甩动十数下。

此为八段毕。

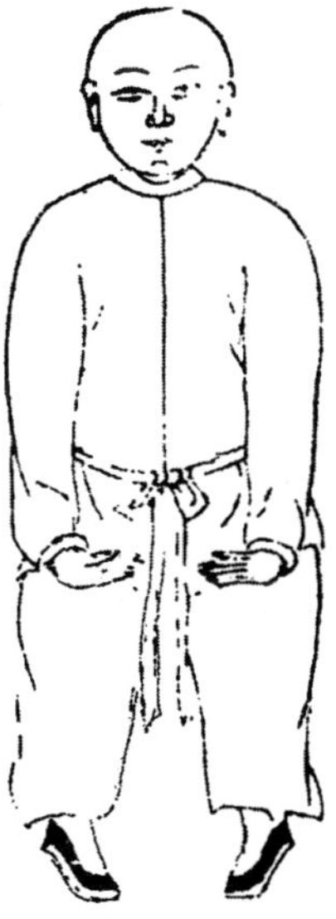

图8–26